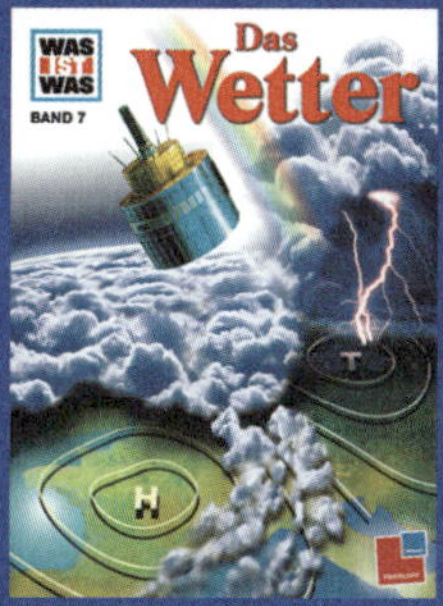

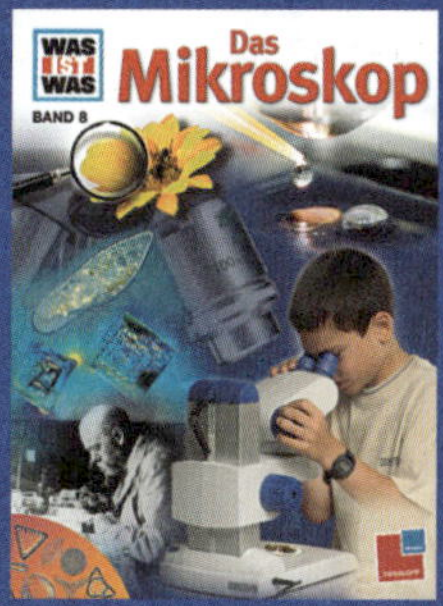

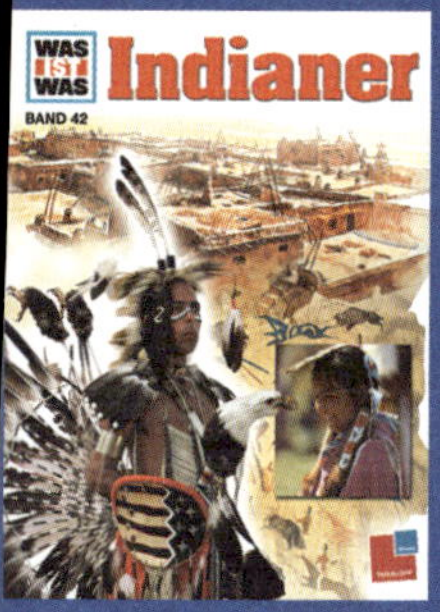

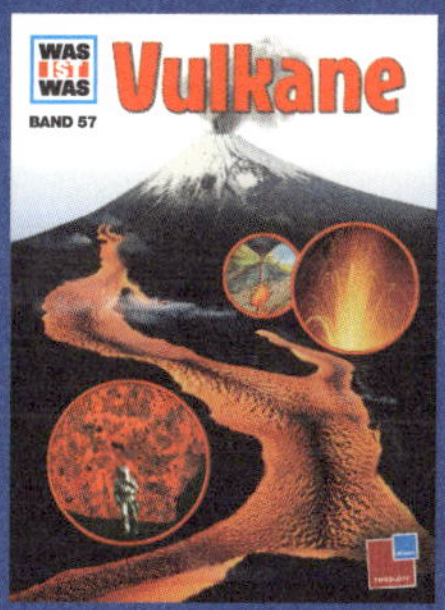

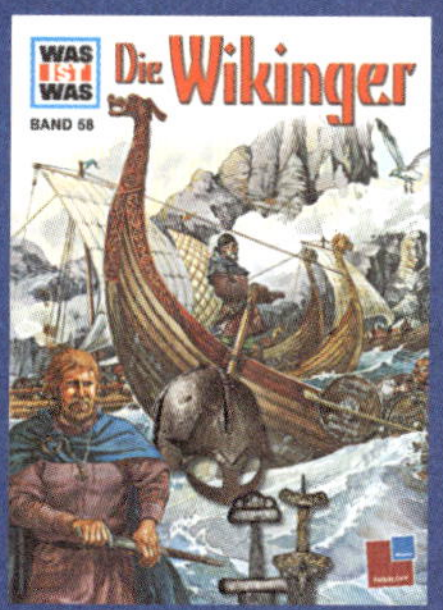

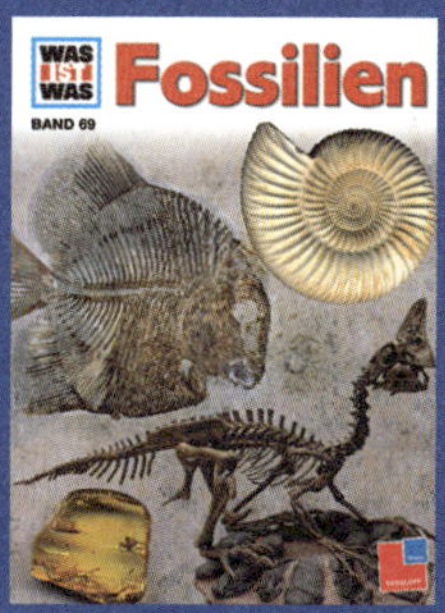

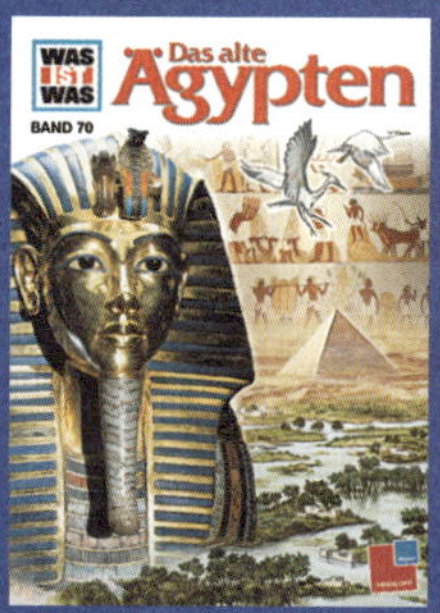

Weitere Titel siehe letzte Seite.

Ein WAS IST WAS Buch

Fotografie

Von Monica Beurer
Illustrationen von Raphael Volery und Burkhard Schulz

Balgenkamera

TESSLOFF

Vorwort

Was wäre die Welt ohne die Fotografie! Fotografien haben die Wahrnehmung und das Bewusstsein der Menschen maßgebend verändert. In der Freizeit und im Berufsleben sind Fotos nicht mehr wegzudenken. Kein anderes Hobby wird so intensiv und begeistert ausgeübt wie das Fotografieren. Für die journalistische Berichterstattung, die Künste, die Wissenschaft und Forschung, die Herstellung und Gestaltung von Büchern ist die fotografische Technik unentbehrlich geworden. Auch die WAS IST WAS-Bände wären ohne Fotos nur halb so spannend.

Der Weg von der Camera obscura bis zur digitalen Spiegelreflexkamera war lang. Viele geniale Wissenschaftler haben mit ihren Erfindungen zur Entwicklung der fotografischen Technik beigetragen. Nicht zuletzt war die Eitelkeit die treibende Kraft: Nach vielen Jahrhunderten des Forschens und Entdeckens erfüllte sich der Wunsch der Menschen, ein beständiges Abbild von sich zu haben. Wohl keine andere Erfindung hat sich weltweit schneller verbreitet wie die ersten Fotos, die Daguerreotypien. Weitere 100 Jahre vergingen, bis die ersten Farbbilder, die wir heute so selbstverständlich benutzen, gemacht werden konnten. Mit der digitalen Technik wurde die Fotografie erneut revolutioniert. Wir schauen durch den Sucher oder auf das Display der Kamera, drücken auf den Auslöser und in eben diesem Moment ist die Erinnerung gebannt.

WAS IST WAS

BAND 63

Dieses Buch ist auf chlorfrei gebleichtem Papier gedruckt.

BILDQUELLENNACHWEIS:

Fotos: AKG, Berlin: S. 4or, 7or, 7mr, 9ol, 11m, 11um, 11ur, 13ul, 31ml, 35o, 35r; Archiv Tessloff Verlag, Nürnberg: S. 3or, 3ul (2), 4om (Wasserfall), 4ur, 16or, 16ml, 18or, 19m (2), 2ol (2), 2oum, 22 (4), 23o, 27o, 27ur, 28or, 28mr, 28u, 31ur, 32mr, 33 (2), 34mr, 34u, 39ml (2), 39m, 42 (2), 43or (2), 43ur; Monica Beurer, Zürich: S. 24ml, 24u, 25ml, 25o, 26o (4), 27ul (2), 28ml, 32or, 39ur; Bundesarchiv, Koblenz: S. 46mr, 46ur; Corbis, Düsseldorf: S. 4ul, 5, 7ul, 8or, 9ml, 9 (Talbot), 10u (3), 11ol, 12or, 13mr, 25or, 27ol, 29or, 29u, 30mr, 31om, 32u, 34o, 36o (2), 39ol, 44ml, 44o, 45 (2), 47ml; DHEG Hintermeier, Nürnberg: S. 46o; Family of Man: S. 41u (2); Focus, Hamburg: S. 31m, 31mu, 36u; Fotomuseum Winterthur, Winterthur: S. 48u; Fratelli Alinari Museum of the History of Photography-Zannier Collection, Florenz: S. 40or; Galerie Johannes Faber: S. 37mr; Gossen, Foto- u. Lichtmeßtechnik GmbH, Nürnberg: S. 43mr (Belichtungsmesser); Kameramuseum, Kurt Tauber: S. 13ol (5); J. H. Lartigue, Ministère de la Culture, Paris: S. 24or; Linhof, München: S. 13m (Fachkamera), 43ol (2); Magnum Photos, Paris: S. 47or, 48o; Museum Folkwang (Otto Steinert), Essen: S. 37ul; Floris. M. Neusüss, Kassel: S. 38mr; Nikon, Düsseldorf: S. 13ur, 18u; Panasonic: S. 44ur; Picture-Alliance, Frankfurt: S. 9r (Niépce/Daguerre/Herschel), 10or, 12ml, 20om, 27 (Unterlicht) 31or (Milbe), 32ol, 34ml, 41o; Science & Society Picture Library, London: S. 3ol, 9u (Archer), 11ml, 12mr, 12u (2), 13 (Detektivkamera und Hasselblad), 19r (2); Sandy Skoglund: S. 38ol; SK Stiftung Kultur – August Sander Archiv, Köln: S. 37or; Stiftung Moritzburg: S. 37ur; Strandperle, Hamburg: S. 3our, 46m, 47ul; E. Sterneck, München: S. 4 (Baby, Eiffelturm, Ski); Tamron Europe GmbH, Köln: S. 2om, 2or (3), 26u; Ullsteinbild, Berlin: S. 29ol, 30o, 31ul, 32m (Tänzer); Horst Wackerbarth: S. 4ol; Edward Weston (Collection Center for Creative Photography): S. 35ml; Wikipedia: S. 6or

UMSCHLAGFOTOS: Archiv Tessloff Verlag, Nürnberg

ILLUSTRATIONEN: Raphael Volery und Burkhard Schulz

GESTALTUNG: Susanne Gebert, Nürnberg

www.tessloff.com • www.wasistwas.de

ISBN-10: 3-7886-0403-4

ISBN-13: 978-3-7886-0403-5

Inhalt

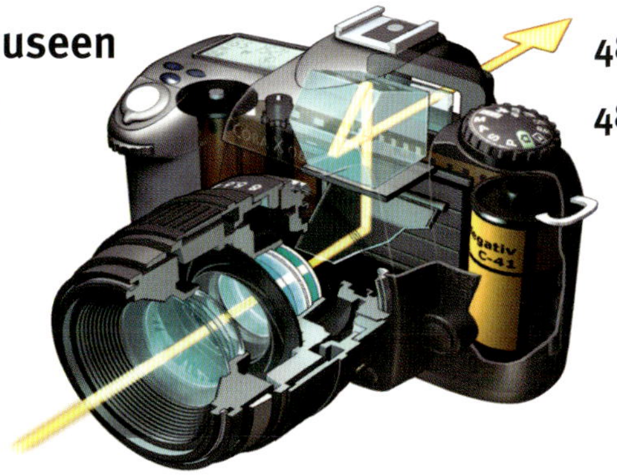

Die Geschichte der Fotografie

Was ist Fotografie?

Seit etwa 170 Jahren gibt es die Fotografie. Mit dieser Technik entstehen Bilder allein durch die Einwirkung von Licht. Das Wort Fotografieren ist zusammengesetzt aus griechisch „phos“ und „graphein“ und bedeutet „mit Licht malen“. Eine solche „Lichtmalerei“ ist ein dauerhaftes Bild. Noch viele Jahre, nachdem es entstanden ist, können wir es anschauen. Wie wir als Baby ausgesehen haben, wissen wir, weil unsere Eltern Fotos von uns gemacht haben. Viele Gesichter berühmter Leute kennen wir, ohne ihnen jemals begegnet zu sein, weil wir die Fotos von ihnen in Zeitungen oder Zeitschriften gesehen haben. Wir können uns kaum vorstellen, wie es früher einmal gewesen sein muss, als es noch nicht möglich war, Menschen, Ereignisse, Landschaften und Dinge abzubilden. Ohne Fotos wussten die Leute nur, was sie mit eigenen Augen sehen konnten, also was sich in ihrem Dorf oder in ihrer Stadt abspielte. Vom Rest der Welt erfuhren sie zumeist recht wenig. Reisende erzählten von ihren Eindrücken und brachten Zeichnungen oder gemalte Bilder mit. Heute ist uns fast jeder Winkel unseres Planeten durch fotografische Abbildungen bekannt.

Fotos sind Erinnerungen an frühere Zeiten.

Licht und Farbe

Ohne Licht könnten wir nichts sehen. Die wichtigste Lichtquelle ist die Sonne. Menschen und Dinge um uns herum erkennen wir, weil ein Teil der Lichtstrahlen, die auf ihre Oberfläche prallen, zurückgeworfen – also reflektiert – werden und durch die Linsen unserer Augen dringen. Lichtstrahlen breiten sich immer geradlinig aus. Fällt ein Lichtstrahl durch Glas, wie ein Prisma oder etwa Wasser, wird er gebrochen oder abgelenkt. 1664 entdeckte der Naturforscher Isaac Newton, dass das weiße Sonnenlicht aus verschiedenen Farben zusammengesetzt ist, indem er es mit einem Prisma in die sieben Regenbogenfarben aufspaltete. Wenn es regnet und gleichzeitig die Sonne scheint, passiert dasselbe: Die Sonnenstrahlen fallen auf die Regentropfen und werden dadurch unterschiedlich stark gebrochen. So entsteht ein Regenbogen. Die drei Grundfarben des Lichts sind Rot, Grün und Blau. Ein grüner Rasen verschluckt die roten und blauen Lichtstrahlen. Man sagt, er absorbiert sie. Nur die grünen Strahlen werden zurückgeworfen. Wir sagen, der Rasen ist grün.

Das Prisma zerteilt weißes Licht in seine Farben.

Camera obscura

Wenn Lichtstrahlen durch ein winziges Loch in einen stockdunklen Raum dringen, entsteht auf der gegenüberliegenden Wand ein Bild der Außenwelt. Es steht auf dem Kopf und ist seitenverkehrt. Dieses Phänomen nennt man Lochkamera oder Camera obscura. Das Wort stammt aus dem Lateinischen und bedeutet „dunkler Raum". Schon vor über 2000 Jahren beschrieb der chinesische Gelehrte Mo-Tsu (470–391 v. Chr.) das Prinzip der Lochkamera. Auch der griechische Philosoph Aristoteles (384–322 v. Chr.) kannte es. Der arabische Mathematiker und Astronom Abu Ali al-Hasan Ibn Al-Haitham (965–1040 n. Chr.), auch Alhazen genannt, und seine Gefolgschaft nutzten die Camera obscura, um den Mond und die Sterne zu beobachten. In der Zeit der Renaissance diente die Lochkamera vielen Künstlern und Gelehrten als Hilfsmittel zum Abzeichnen und zur Forschung. In der Mitte des 16. Jahrhunderts hatte der italienische Arzt und Mathematiker Hieronymus Cardanus (1501–1576) eine glänzende Idee. Er ersetzte das Loch der Camera obscura durch eine Glaslinse, eine so genannte konvexe Linse, die in der Mitte dick und gegen den Rand hin immer dünner wird. Das Abbild im Innern der Lochkamera wurde durch die Glaslinse viel heller und schärfer. Der Venezianer Daniello Barbaro (1514–1570) entdeckte, wie sich das Bild verbessern ließ: Er deckte die Linse mit einer Maske, die ein Loch in der Mitte hatte, ab. Es entstanden viel schärfere Bilder. Daniello Barbaro erfand das Prinzip der „Blende". In der Mitte des 17. Jahrhunderts fand man heraus, dass ein einfacher Spiegel, der im 45° Winkel zur Zeichenfläche steht, das Bild der Außenwelt umlenkt und seitenrichtig abbildet. Der deutsche Mönch Johannes Zahn (1641–1707) baute das erste transportable Handmodell einer Camera obscura. Ein Spiegel im Innern der Kamera warf das Bild auf eine Mattscheibe, wo es nachgezeichnet werden konnte. Der Erfinder musste hunderte davon bauen, so beliebt war das neue „Spielzeug".

Die Camera obscura diente als Hilfsmittel zum Abzeichnen.

Alhazen betrachtet mit seiner Gefolgschaft das Phänomen der Camera obscura.

So funktioniert die Lochkamera

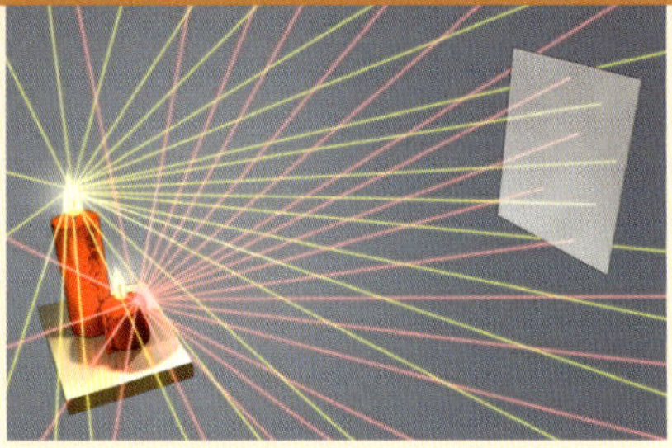

(1) Um einen Gegenstand zu sehen, muss er durch die Sonne oder eine künstliche Lichtquelle angestrahlt werden. Ein Teil dieses Lichts wird zurückgeworfen, also reflektiert, und zwar von jedem Punkt aus in alle Himmelsrichtungen.

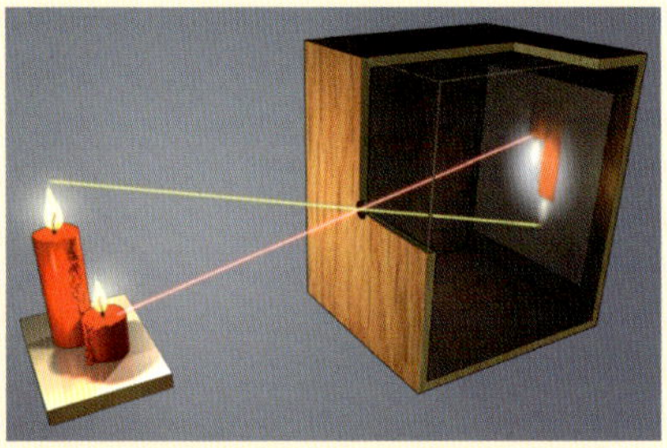

(2) Von jedem Punkt werden auch Lichtstrahlen genau in die Richtung reflektiert, in der sich das winzige Loch des Kastens befindet. Jeder Strahl erzeugt ein Abbild des Punktes, von dem er kommt. Auf der Rückwand entsteht ein seitenverkehrtes Bild, das auf dem Kopf steht, da sich Lichtstrahlen immer geradlinig ausbreiten. Das Bild ist schwach, weil nur wenige Strahlen durch das Loch dringen.

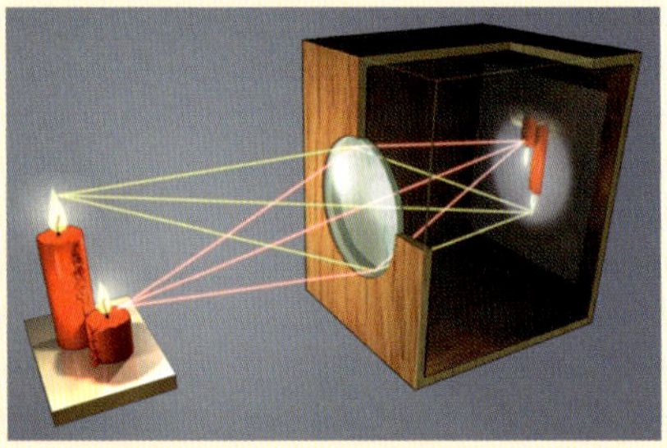

(3) Eine Sammellinse (konvexe Linse) sammelt viele Strahlen von jedem Punkt. Sie bündelt die Lichtstrahlen. So entsteht ein helleres und schärferes Bild. Die Camera obscura mit Linse ist das Urmodell der modernen Fotoapparate.

Wer hat die Fotografie erfunden?

Mit der Camera obscura hatte man einen Weg gefunden, um ein Abbild der Wirklichkeit auf einen Untergrund zu projizieren. Wie aber konnte man das Bild festhalten, ohne es abzeichnen zu müssen? Viele Forscher experimentierten mit lichtempfindlichen Materialien. Der deutsche Gelehrte und Arzt Johann Heinrich Schulze (1687–1744) füllte einen Brei aus Kreidepulver und Silbernitrat in eine Flasche, schnitt eine Buchstabenschablone aus, legte sie über die Flasche und setzte diese dem Sonnenlicht aus. Wo die Schablone Licht durchließ, verfärbte sich der Brei dunkel. Die restlichen Stellen blieben weiß. Die Wirkung des Lichts wurde so sichtbar.

Erst viele Jahrzehnte später wurden lichtempfindlich gemachte Papiere für Versuche in die Camera obscura eingelegt. Die Engländer Thomas Wedgwood (1771–1805) und Humphry Davi (1778–1829) benutzten weißes Leder und Papier, das sie lichtempfindlich machten, indem sie es in Silbernitrat tauchten. Auf diese Blätter legten sie Federn und Insektenflügel und setzten sie dem Licht aus. Es entstanden helle Silhouetten auf dunklem Grund. Die hellen Stellen schwärzten bei Sonneneinfall nach. Die beiden Engländer wussten nicht, was der schwedische Chemiker Karl Wilhelm Scheele (1742–1786) herausgefunden hatte: Ammoniak fixiert die Lichtbilder. Sonst wären wohl sie als die Erfinder der Fotografie in die Weltgeschichte eingegangen.

Der Blick aus dem Arbeitszimmer von Nicéphore Niépce

Der Blick aus dem Fenster

Die älteste erhaltene Abbildung, die den Namen „Fotografie“ verdient, machte Joseph Nicéphore Niépce 1826 mit seinem selbst gebauten Camera-obscura-Kasten. Er nannte seine Technik „Heliografie“, was „Lichtzeichnung“ bedeutet. Das Foto zeigt den Blick auf den Innenhof seines Landsitzes bei „Le Gras“. Um dieses Abbild zu erhalten, musste der Forscher die lichtempfindliche Zinnplatte etwa acht Stunden belichten, also dem Tageslicht aussetzen.

Wer kann schon 30 Sekunden lang stillsitzen, ohne sich zu bewegen?

Bitte Stillsitzen!
Die Karikaturisten machten sich lustig über die immer größer werdende Schar von Menschen, die der neuen Mode folgten und von sich ein Porträt machen ließen. Um eine Daguerreotypie herzustellen, mussten die lichtempfindlichen Kupferplatten minutenlang belichtet werden (anfangs bis zu 30 Minuten, später immer noch mindestens 3 Sekunden). Nur mit speziellen Stützvorrichtungen war es möglich, so lange Zeit ruhig sitzen zu bleiben und das Bild nicht zu verwackeln. Diese Geräte erinnerten an Folterinstrumente.

Was ist eine Daguerreotypie?

Seit 1816 machte der Franzose Joseph Nicéphore Niépce (1765–1833) erste Experimente mit lichtempfindlichen Materialien. Seine langjährige Forschung half Louis Jacques Mandé Daguerre (1787–1815) bei der Weiterentwicklung des Verfahrens. Daguerre beschichtete Kupferplatten mit Silber und machte sie mit Joddämpfen lichtempfindlich. Durch Zufall entdeckte er, dass sich in einer nur kurz belichteten Kupferplatte ein Bild versteckte. Das so genannte latente Bild kam erst zum Vorschein, nachdem Quecksilberdämpfe darauf eingewirkt hatten. Nach langem Suchen fand Daguerre heraus, dass ein Wasserbad mit Kochsalz das Silberbild auf den Kupferplatten fixierte.

Daguerreotypien waren kostbare Unikate.

Der 19. August 1839 gilt als der Geburtstag der Fotografie. An diesem Tag stellte die französische Akademie der Wissenschaften das Verfahren der „Daguerreotypie“ der Weltöffentlichkeit vor. In kürzester Zeit entstanden in ganz Europa und in Nordamerika hunderte von Daguerreotypie-Studios. Bereits im Oktober 1839 wurden in sieben Ländern Bilder mit dieser Technik produziert. In den neu eröffneten Porträtstudios konnte sich die zahlreich erscheinende Kundschaft zum ersten Mal im Leben fotografieren lassen. Jedes Bild war ein Einzelstück.

Die ersten fotografischen Techniken, die Daguerreotypien, Kalotypien und Fotos mit dem nassen Kollodiumverfahren, wurden alle mit großen Holzkameras hergestellt.

Zwei wichtige Männer der Fotografiegeschichte: Louis Jacques Mandé Daguerre (links) und Joseph Nicéphore Niépce (rechts)

Wer erfand das Negativ?

Fast gleichzeitig erfand der englische Physiker William Fox Talbot (1800–1877) eine Technik, welche er Kalotypie (Schöndruck) oder Talbotypie nannte. Es gelang ihm, Bilder auf lichtempfindlichem Papier herzustellen. Dunkles wurde allerdings hell und Helles dunkel wiedergegeben. Durch Umkopieren, das heißt durch das Auflegen des „umgekehrten“ Bildes auf ein lichtempfindliches Papier, entstand ein „richtiges“ Bild. Talbot hatte somit das Negativ-Positiv-Verfahren erfunden. Von einem Negativ konnte man beliebig viele positive Fotografien anfertigen.

1851 stellte Frederick Scott Archer (1813–1857) das „Nasse Kollodium-Verfahren“ vor. Glasplatten mussten kurz vor dem Fotografieren beschichtet, anschließend sogleich entwickelt werden. Diese Technik war enorm aufwändig. Wegen der viel besseren Bildqualität setzte sich das Verfahren rasch durch.

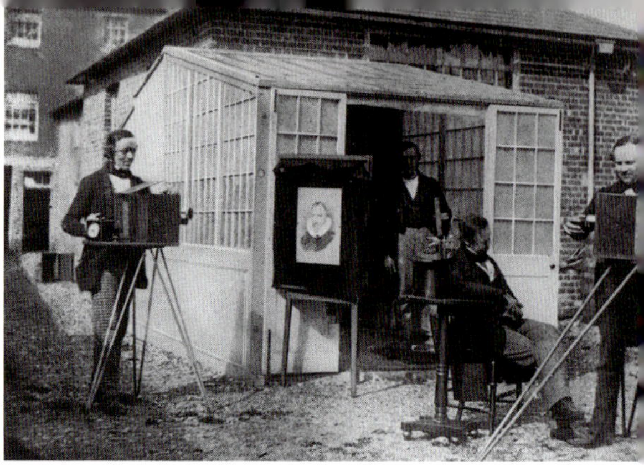

Oben: Die Assistenten von W.H. Fox Talbot arbeiten vor dessen Atelier.
Unten: Die Ausrüstung des Wanderfotografen war etwa 50 Kilogramm schwer.

Der Assistent reicht dem Fotografen eine frische Kollodiumplatte, die er im Dunkelkammerzelt hergestellt hat.

Die Negativentwicklung

Die älteste und bekannteste Art der Fotografie ist die so genannte Silberfotografie. Während etwa 150 Jahren wurden mit dieser Technik, die noch heute angewendet wird, Schwarzweißfotos hergestellt.

(1) Ein Negativ besteht aus einem Trägermaterial. Früher benutzte man Glasplatten oder Zelluloid, heutzutage besteht ein Negativ aus Kunststoff. Auf dem Träger haftet eine dünne lichtempfindliche Schicht, welche aus winzigen Körnchen Bromsilber besteht. (2) Überall dort, wo Lichtstrahlen auf das Bromsilber fallen, bilden sich durch die unterschiedliche Einwirkung des Lichts einige wenige Silberklümpchen, so genannte Silberatome. Sie sind so winzig, dass wir sie mit bloßem Auge nicht sehen können. Auf dem Negativ ist nun ein „latentes“ Bild vorhanden, dass heißt, es ist noch versteckt. (3) Wird nun das Negativ mit bestimmten Chemikalien entwickelt, verwandeln sich alle Bromsilberkörnchen, die Licht empfangen haben, in schwarzes metallisches Silber. (4) In einem nächsten chemischen Prozess, der Fixieren heißt, werden diejenigen Körnchen, die kein Licht empfangen haben, wasserlöslich gemacht und aus der Schicht ausgewaschen. (5) Zum Schluss wird das Negativ gewässert und dadurch von allen Chemikalienrückständen vollständig gesäubert. Nun ist das Negativ fertig. Es besteht aus schwarzem Silber und zeigt ein negatives – also umgekehrtes – Bild. Die ursprünglich hellen Stellen sind schwarz und die dunklen ganz hell.

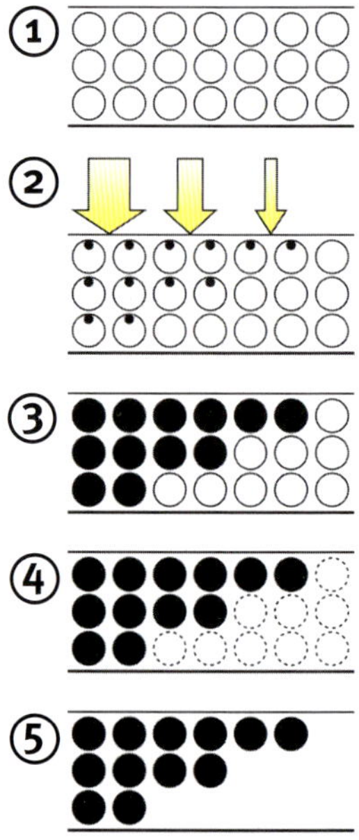

Nadar machte die ersten Luftaufnahmen der Welt.

Fentons Assistent Marcus Sparling auf dem Pferdewagen

Roger Fenton

1855 erhielt Roger Fenton vom englischen Kriegsminister den Auftrag, zur Berichterstattung auf die Krim zu reisen, wo englische Truppen auf Seiten der Türkei kämpften. Der Engländer gilt als der erste Kriegsberichterstatter der Welt. Mit seinem Pferdewagen, als Dunkelkammer und Schlafstätte umgerüstet, fünf Fotokameras und 700 Glasplatten samt Chemikalien war er unterwegs. Weil mit den nassen Kollodiumplatten sehr lange Belichtungszeiten nötig waren, konnte Roger Fenton keine Kampfhandlungen, sondern bloß gestellte Szenen fotografieren. Er porträtierte Offiziere und Soldaten.

Wer fotografierte Ungewöhnliches?

Nadar (1820–1910), einer der begehrtesten Fotografen der Pariser Gesellschaft, arbeitete auch mit den nassen Kollodiumplatten. Fürsten, Politiker, Künstler, alle wollten von ihm abgelichtet werden.

Wie viele nutzte er die neue Technik mit den kurzen Belichtungszeiten, um das Studio zu verlassen und Außenaufnahmen zu machen. Nadar gelangen bahnbrechende Luftaufnahmen der Stadt Paris. Für diese Unternehmung hatte er in der Gondel eines Ballons eine Dunkelkammer einrichten lassen. Als er 1863 mit dem Riesenballon „Géant" aufstieg, nahm ganz Paris an dem Ereignis teil. Seine Luftaufnahmen waren die Grundlage für die fotografische Landvermessung. Als erster Fotograf der Welt stieg er unter die Erde und fotografierte die Katakomben und die Kanalisation von Paris. Als Achtzigjährigem gelangen ihm in der Luftkammer eines Docks die ersten Unterwasserfotos der Welt.

Die Väter der Fotografie

Nicéphore Niépce
machte das erste Foto der Welt. Er nannte es eine Heliografie.

Louis-Jaques-Mandés Daguerre
machte Fotografieren für die Öffentlichkeit zugänglich.

William Henry Fox Talbot
entwickelte das Negativverfahren und somit die Vervielfältigung von Bildern.

Sir John Frederick Herschel
fand heraus, dass Natriumthiosulfat ein Bild fixiert.

Frederick Scott Archer
entwickelte das nasse Kollodiumverfahren, durch das die Qualität der Bilder verbessert wurde.

Wie wurde Fotografieren ein Hobby?

1877 wurde die Fototechnik erneut revolutioniert. Der englische Arzt und Fotograf Richard Leach Maddox (1837–1920) fand heraus, dass sich Gelatine eignet, um die lichtempfindlichen Silbersalze einzulagern. Damit konnte man Trockenplatten vorfertigen und musste nicht mehr eine Dunkelkammer mit sich tragen. Die neuen gebrauchsfertigen Gelatine-Glasplatten erlaubten Belichtungszeiten in Sekundenbruchteilen. Dem Fotografieren als Hobby stand nichts mehr im Wege.

Bald darauf wurde transparentes Zelluloid als neues, leichtes Trägermaterial für die lichtempfindlichen Silbersalze entdeckt. 1888 stellte der Amerikaner George Eastman (1854–1932) seine erste Kodak vor. „Sie drücken den Knopf, wir besorgen den Rest", lautete der sehr erfolgreiche Werbeslogan. Mit einem eingelegten Rollfilm ließen sich hundert kreisrunde Fotos von 64 Millimeter Durchmesser herstellen. Die Kamera wurde mit dem belichteten Film eingeschickt und man erhielt sie mit neu eingelegtem Film und mit den entwickelten Fotos nach etwa zwei bis drei Wochen zurück.

Die Firma Kodak wirbt für ihre erfolgreiche Box.

Die Dame drückt auf den Knopf, und schon ist das Bild gebannt.

Die Stereofotografie

Mit Stereofotos wird die Sichtweise unserer Augen nachgeahmt. Durch den Augenabstand sehen unsere Augen nicht genau das gleiche Bild. Das Gehirn vereint die Informationen beider Augen zu räumlichem Empfinden. Eine Stereokamera liefert ebenfalls zwei fast identische Bilder, die mit dem Augenabstand (zehn bis zwanzig Zentimeter) fotografiert wurden. Zur Betrachtung des Fotopaares braucht man Spezialbrillen, Spiegel- oder Linsenstereoskope. Die ersten Stereofotos wurden 1851 auf der Weltausstellung in London gezeigt. Wenig später wurden sie zu einem Vergnügen der Massen. Die Leute liebten diese Form der lehrreichen Unterhaltung. Die Bilder mit der verblüffenden Tiefenwirkung zeigten fremde Länder und Völker, seltene Tiere, archäologische Ausgrabungen, historische Ereignisse und auch erotische Szenen. Die Stereofotografie war so beliebt, wie es heute Film, Fernsehen und DVD sind.

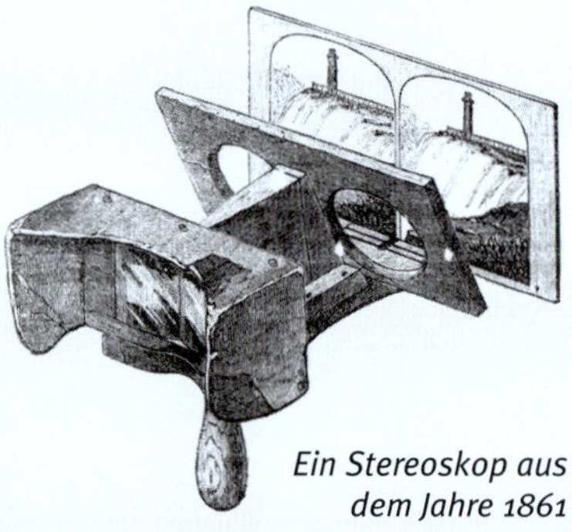

Ein Stereoskop aus dem Jahre 1861

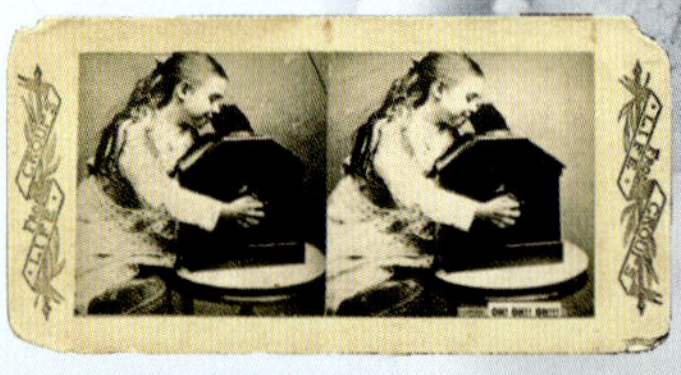

Zwei fast gleiche Fotos erwecken den Eindruck eines dreidimensionalen Bildes.

Farbfotografie

Kolorierte Fotos

Seit der Erfindung der Fotografie träumte man davon, farbige Abbilder der Wirklichkeit herstellen zu können. Schon die allerersten Daguerreotypien wurden nachträglich „verschönert“, indem man einige Stellen mit dem Pinsel einfärbte. Das Porträt einer Dame wurde mit roten Lippen und rosa Wangen versehen oder der Ehering gelb und das Kleid bunt koloriert.

Ein koloriertes Foto von 1920

Das erste Farblichtbild (oder Farbdia)

Der schottische Physiker James Clerk Maxwell (1831–1879) führte 1861 das erste Farbdia einer gelehrten Gesellschaft vor. Dafür hatte er dasselbe Motiv dreimal mit je einer Kollodiumplatte fotografiert, jeweils durch einen roten, blauen

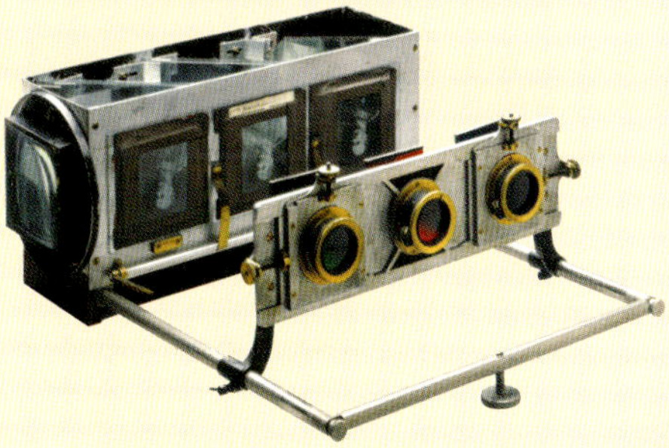

Dieser Dreifarben-Projektor wurde um 1900 gebaut.

und grünen Filter. Davon fertigte er Diapositive an. Die waren schwarzweiß. Aber die drei Projektoren waren wieder mit dem Farbfilter versehen, mit dem die jeweilige Aufnahme gemacht worden war. Er projizierte die drei Bilder so an die Wand, dass sie genau übereinander lagen. Dadurch entstand ein buntes Bild.

Das älteste erhaltene Farbbild

Die Forschungen des Franzosen Louis Ducos du Hauron (1827–1920) stellten die Grundlagen der Farbfotografie dar. Indem er Transparentbilder in rot, blau und gelb aufgenommener Negative übereinander legte ergab sich ein Farbbild. Das erste Farbbild entstand 1877 und zeigt die Stadt Angoulême.

Die Farbfotografie „Der Hahn“ von du Hauron stammt aus dem Jahr 1879.

Eine einzige Aufnahme

Den Gebrüdern Lumière, Auguste (1862–1954) und Louis (1864–1948), gelang schließlich die geniale Erfindung. Endlich war es möglich, ein Farbbild mit einer einzigen Aufnahme herzustellen. Die Fotoplatte wurde mit einer Schicht von winzigen Körnchen aus Kartoffelstärke überzogen, die zu gleichen Teilen in drei Farben eingefärbt waren. Jedes Körnchen wirkte auf der lichtempfindlichen Bromsilberschicht wie ein winziger Filter.

Autochrom aus dem Jahr 1910

Ein Farbdiafilm besteht aus durchsichtigem Trägermaterial und drei farbempfindlichen Schichten. Nach einem komplizierten Entwicklungsverfahren bleibt in jeder Farbschicht das positive Bild zurück. Wenn das weiße Licht eines Projektors das Dia durchleutet und es an die Wand projiziert wird, sieht man ein farbiges Bild.

Das Negativ wurde umgekehrt entwickelt, wodurch ein farbiges Diapositiv entstand. Man nannte es Autochrome. 1913 produzierte die Firma der Familie Lumière täglich 6 000 solcher Autochrom-Platten.

Nach hundert Jahren

Von der Entdeckung des fotografischen Verfahrens bis zur Entwicklung eines gebrauchsfähigen Farbfilms verging fast ein Jahrhundert. Die beiden Weltunternehmen Kodak und Agfa brachten 1935/36 fast gleichzeitig ihre ersten Farbdiafilme, den „Kodachrome“ und den „Agfacolor“ auf den Markt. Anfang der 1940er-Jahre produzierte Kodak den ersten Farbnegativfilm, von dem Abzüge auf Papier hergestellt werden konnten.

Farbige Fotos sind jetzt möglich.

Wer erfand die Kleinbildkamera?

Schon als junger Mann war Oskar Barnack (1879–1936) ein begeisterter Amateurfotograf. Allerdings war das Schleppen der schweren Kamera und der Glasplatten für den Asthmakranken besonders ermüdend. Mit 31 Jahren kam er als Mechanikermeister zu den „Ernst Leitz Optischen Werken“ und wurde Leiter der Entwicklungsabteilung. Dort forschte er mit Kinofilmmaterial. Damals gab es noch keine Belichtungsmesser. Deshalb waren die gedrehten Szenen oft zu hell oder zu dunkel aufgenommen. Barnack entwickelte eine kleine Kamera, in die man kurze Filmstreifen einlegen konnte, um damit vor dem Drehen die richtige Belichtung auszuprobieren. Er arbeitete weiter an dieser Kamera, um sie für die Fotografie tauglich zu machen. Entscheidend war, dass er das Bildformat des Stummfilms verdoppelte. So entstand das ideale Bildformat für die Kleinbildfotografie: 24 x 36 mm ist heute noch das am häufigsten verwendete Format. 1914 hatte Oskar Barnack die „Ur-Leica“ (Leitz-Camera) fertiggestellt. 1925 wurde sie der Weltöffentlichkeit präsentiert. Dank der kleinen, leichten Kamera war der Weg frei für eine schnelle Reportage-Fotografie.

Die Daguerreotypiekamera aus dem Jahre 1839 wurde in allen Fotostudios der damaligen Zeit benutzt.

Oskar Barnack und seine Ur-Leica

Die Kollodiumplatten passten in diese Kamera aus dem Jahre 1860.

Spionagefotografie

Kaum war die Fotografie erfunden, erkannten Detektive, Geheimdienste und Spione deren neue Möglichkeiten. Ein Foto diente auch als Beweisstück. Dem Einfallsreichtum und der Erfindergabe von Kamerakonstrukteuren waren keine Grenzen gesetzt. Da die Detektive „inkognito“ – also unerkannt – bleiben wollten, mussten die Kameras gut versteckt oder getarnt werden. In Hüten, Westen, Spazierstöcken – ja sogar in Schuhen wurden Kameras eingebaut. Allerdings war der Umgang mit diesen Apparaturen nicht ganz einfach. Die Kameras hatten ihre Tücken. So mancher berufsmäßige Erpresser oder Privatdetektiv verriet seine geheime Mission, weil er mit der Spionagekamera akrobatische Verrenkungen vornehmen musste. Seine wahre Absicht konnte leicht entlarvt werden.

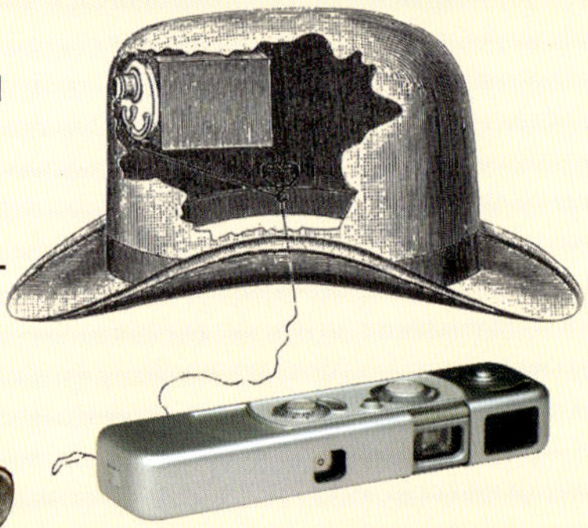

Kameras wurden überall versteckt: in Hüten, Türgriffen, Operngläsern und Taschenuhren. Die sehr kleine Minoxkamera (oben) fällt kaum auf.

Die Entwicklung der Fotokamera

In den 1930er-Jahren wurde diese Rollfilmkamera namens Agfa Billy Rekord 7,7 gebaut.

Die Agfa Easy Aps Flash ist eine Einwegkamera, d.h. man kann sie nur einmal benutzen und schickt sie mit Gehäuse zum Entwickeln.

Die Agfa-Box-44, Baujahr 1932, mit ihrer Originalverpackung; sie wurde so zum Entwickeln und zurück geschickt.

Die Rolleiflex aus dem Jahre 1929 ist ein zweiäugiger Klassiker unter den Kameras.

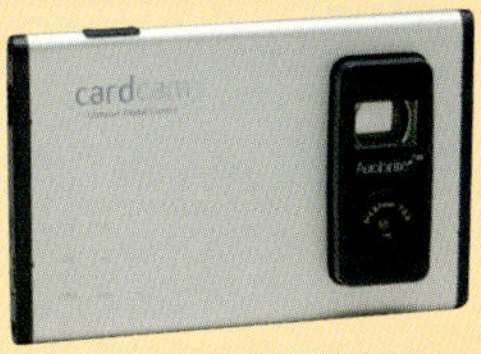

Weil die moderne digitale Detektivkamera so groß wie eine Kreditkarte ist, fällt sie kaum auf.

Die Canon T90 ist eine Autofokus-Spiegelreflexkamera. Sie wurde Ende der 1980er-Jahre produziert.

Die großformatige Fachkamera Linhof M679cc

Die digitiale Finepix F10 Kamera von Fuji mit 6.3 Megapixeln ist eine einfach zu bedienende Digitalkamera.

Bei der ersten Mondlandung wurde diese Hasselblad Lunar Surface Kamera, Baujahr 1969, mitgenommen.

DER BLITZ – DAMALS UND HEUTE

Blitzlicht wurde vor über 150 Jahren chemisch erzeugt, indem auf einer Blechrinne Magnesiumpulver verbrannt wurde, welches dabei stark leuchtete. Der Vorgang dauerte bis zu zehn Sekunden. Mit einem modernen Elektronenblitz ist das Blitzen einfacher und bequemer geworden.

In der Dunkelkammer

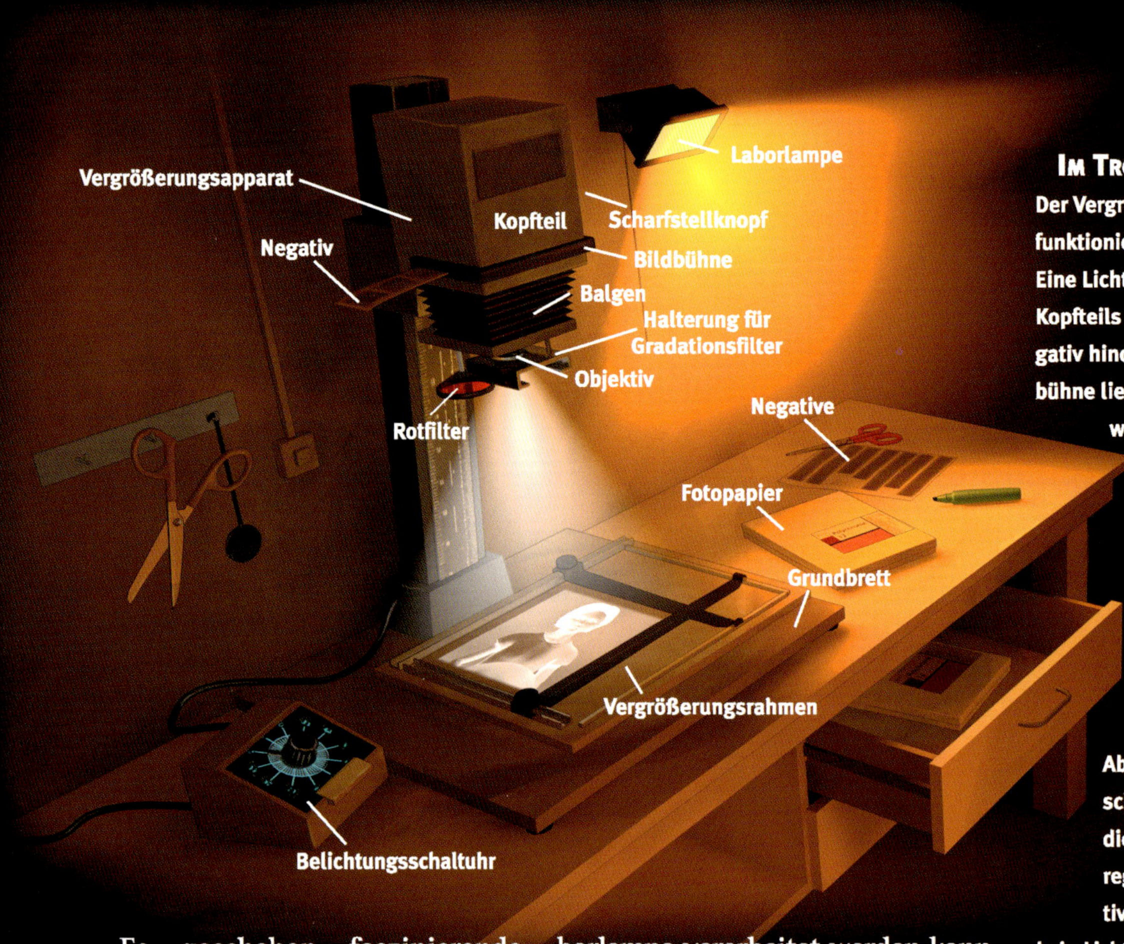

Im Trockenbereich

Der Vergrößerungsapparat funktioniert wie ein Projektor: Eine Lichtquelle im Innern des Kopfteils strahlt durch das Negativ hindurch, das in der Bildbühne liegt. Das negative Bild wird mithilfe eines Objektivs auf das Grundbrett des Vergrößerungsapparats projiziert. Das Objektiv und die Bildbühne sind durch einen Balgen verbunden. Um das Abbild des Negativs scharf zu stellen, wird die Länge des Balgens reguliert. Wo das Negativ schwarz ist, dringt kein Licht durch. Das Fotopapier wird an diesen Stellen weiß bleiben; wo viel Licht auf das Papier fällt, wird es schwarz werden. Ein erstes Fotopapier dient als Probestreifen. Es wird unterschiedlich lange belichtet. So erkennt man die richtige Belichtungszeit. Ein Schwarzweißfoto kann entweder viele oder wenige Grautöne wiedergeben. Durch spezielle Filter, die Gradationsfilter, wird bestimmt, wie viele Grautöne erscheinen. Das Fotopapier kann jetzt in den Vergrößerungsrahmen gelegt und belichtet werden.

Es geschehen faszinierende Dinge in der Dunkelkammer – sie heißt auch Fotolabor: Schwarzweißfilme werden entwickelt und Fotos auf Papier hergestellt.

Der Schwarzweißfilm hat eine lichtempfindliche Schicht. Beim Fotografieren ist Licht darauf gefallen. Wird der Film mit chemikalischen Lösungen, Entwickler, Stoppbad und Fixierbad behandelt, entsteht ein Foto. Das Bild zeigt die reale Welt allerdings umgekehrt. Deshalb heißt es „Negativ". Die Farben werden vom Schwarzweißfilm nicht erkannt. Von einem Negativ lassen sich richtige Fotos herstellen, x-beliebig viele. Man benutzt Fotopapier, das ähnlich wie der Film lichtempfindlich ist und bei orangem Licht einer Laborlampe verarbeitet werden kann. Indem man die Werte des Negativs umkehrt, ergibt sich eine richtige, also positive Darstellung der hellen und dunklen Stellen. Deshalb nennt man Fotos oft Positive. Und weil sie vom Negativ abgezogen werden, heißen sie auch Abzug.

Die Dunkelkammer ist in zwei Bereiche aufgeteilt: Im Trockenbereich wird das Papier belichtet, im Nassbereich in verschiedenen Chemikalien behandelt. Das Prinzip, aus einem Negativ viele Positive herzustellen, gilt als das grundlegende fotografische Verfahren. Seit es die Möglichkeit gibt, Bilder digital zu speichern, nennt man diese Technik „analoge Schwarzweißfotografie".

Im Nassbereich

legt man das Papier in verschiedene chemikalische Bäder. Im ersten, dem Entwickler, entsteht in etwa einer Minute ein Schwarzweißfoto. Da wo viel Licht auf das Papier gefallen ist, wird die Stelle dunkel, wo kein Licht darauf fiel, bleibt sie weiß. Nun wird das Papier in das Stoppbad getaucht und danach im Fixierbad behandelt. Das Foto ist jetzt lichtbeständig. Unter fließendem Wasser wird es gut abgespült und zum Trocknen mit Wäscheklammern an eine Leine gehängt. Fotochemikalien kauft man als konzentrierte Stammlösungen. Für den Gebrauch werden sie in einer Mensur mit Wasser verdünnt. Sie sind giftig und müssen, wenn sie unbrauchbar geworden sind, als Sondermüll entsorgt werden.

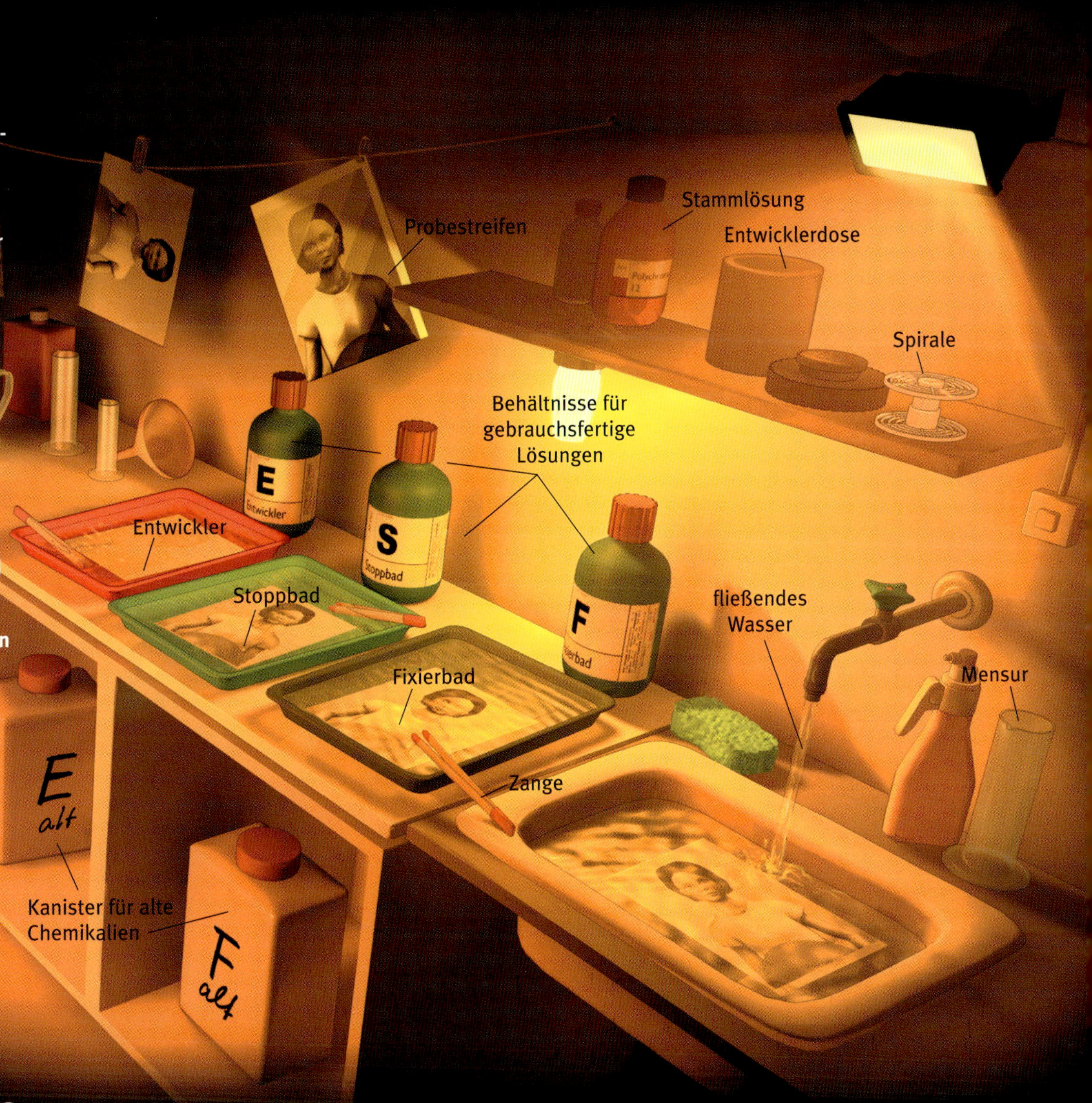

Die Negativentwicklung

① 

Der Filmanfang wird in die Spirale eingelegt. LICHT AUS: Im Stockdunkeln wird der ganze Film aufgewickelt und in die Dose gelegt. Diese verschließt man mit einem lichtundurchlässigen Deckel.

② 

Der Film wird mit speziellen Chemikalien entwickelt und fixiert.

③ 

Um ihn von allen Chemikalienrückständen zu befreien, wird er gründlich gewässert...

④ 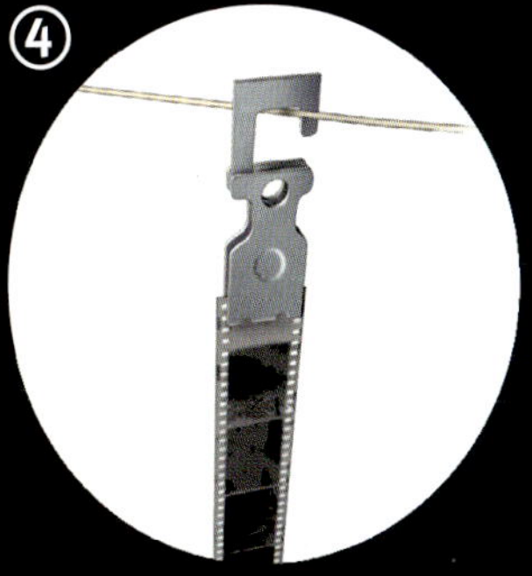

...und zum Trocknen aus der Spirale genommen und an einer Klammer aufgehängt.

Die Technik

Was passiert beim Fotografieren?

Ein Foto entsteht, wenn Lichtstrahlen durch das Objektiv der Fotokamera dringen, wo sie gebündelt werden. Der Verschluss öffnet sich und das Licht fällt auf die rückseitige Innenwand der Kamera. In der traditionellen Fotografie wird es entweder auf einem Schwarzweißfilm, einem Farbnegativ- oder Diafilm festgehalten. In der digitalen Fotografie erfasst ein Sensor das Bild und sichert die Daten auf einer Speicherkarte.

Auch an Digitalkameras lässt sich die ISO-Empfindlichkeit einstellen.

Am Objektiv ist eine Blende angebracht. Sie besteht aus feinen Metalllaschen, die sich wie eine Rosette öffnen und schließen können. Ist die Blende offen, kann viel Licht eindringen, bei einer kleinen Blende nur wenig. Die Blenden werden mit einer Zahl angegeben. Sie heißen Blende 22; 16; 11; 8; 5,6; 4; 2,8; 2 oder 1,4. Eine kleine Zahl bedeutet eine große Blendenöffnung und umgekehrt.

Der Verschluss der Kamera ist eine Art Vorhang aus sehr dünnen Lamellen, die das Innere der Kamera lichtdicht verschließen. Bleibt der Verschluss während einer langen Belichtungszeit offen, dringt eine große Lichtmenge ein, ist der Verschluss für sehr kurze Zeit geöffnet, können bloß wenige Strahlen eindringen. Je nach Einstellung öffnet sich der Verschluss länger oder kürzer, also während einer 1/15 Sekunde, 1/30, 1/60, 1/125, 1/250, 1/500 oder 1/1000 Sekunde.

Die Blende und die Belichtungszeit bilden zusammen ein Paar und müssen richtig miteinander kombiniert werden, um ein korrekt belichtetes Bild zu erzeugen. Moderne Kameras können automatisch die richtige Blende und Verschlusszeit wählen.

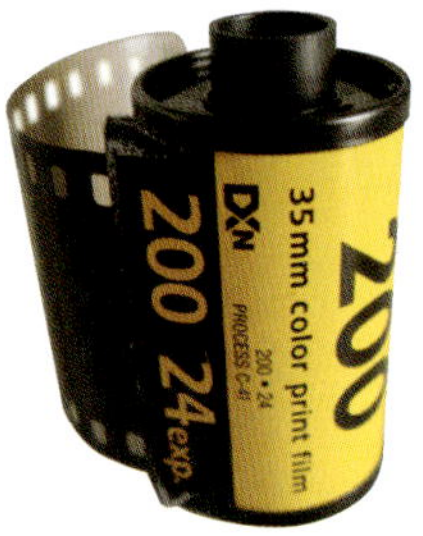

200-ISO-Farbfilm

ISO

Chemische Filme sind mehr oder weniger lichtempfindlich. Sie reagieren unterschiedlich sensibel auf das einfallende Licht. Bei schlechten Lichtverhältnissen werden sehr lichtempfindliche Filme benutzt. Allerdings ist die Qualität dieser Bilder gegenüber niederempfindlichen Filmen geringer. Für große Fotos verwendet man weniger empfindliche Filme, weil deren Abbildungsqualität besonders gut ist. Auch die Sensoren der digitalen Kameras können wie chemische Filme auf eine niedrigere oder höhere Empfindlichkeit eingestellt werden. ISO gibt den Wert der Lichtempfindlichkeit an. ISO ist die Kombination der zwei früheren Wertsysteme ASA und DIN.

Die Größe der Blende und die Verschlusszeit bestimmen die Lichtmenge, welche durch die Kamera einfällt.

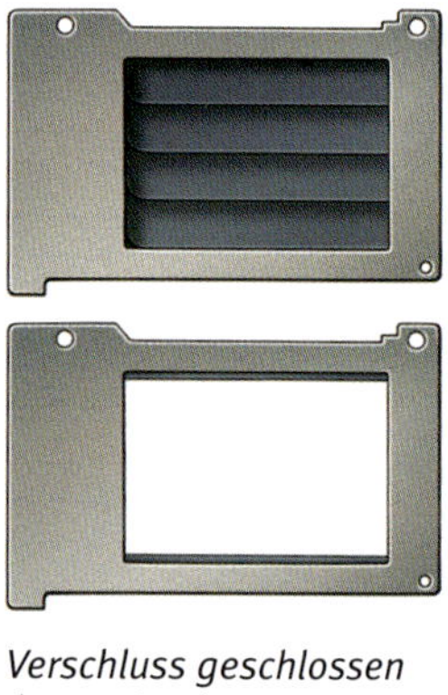

Verschluss geschlossen (ganz oben) und offen (oben)

Ein Foto kann mehr oder weniger Schärfentiefe haben. Das ergibt je nach dem einen anderen Bildeindruck.

Was ist Schärfentiefe?

Wenn wir einen Menschen fotografieren wollen, der zum Beispiel drei Meter von uns entfernt steht, stellen wir genau auf diese Distanz scharf ein oder der so genannte Autofokus der Kamera macht es für uns. Nach einem Gesetz der Physik ist eigentlich nur gerade das gestochen scharf abgebildet, was genau drei Meter vom Objektiv entfernt ist. Da aber unsere Augen gar nicht so genau sehen können, empfinden wir einen zusätzlichen Bereich, der davor und dahinter liegt, noch immer als scharf abgebildet. Dieser Bereich heißt Schärfentiefe. Die Schärfentiefe kann gezielt verändert werden. Entweder ist sie ausgedehnt – also groß – oder aber nur sehr klein. Die Schärfentiefe ist eines der wichtigsten Gestaltungsmittel des Fotografen. In unserem Beispiel muss er sich entscheiden, ob die Aufmerksamkeit des Betrachters auf die mittlere Person allein gelenkt wird, oder ob auch die Personen davor und dahinter beachtet werden sollen. Denn überall dort, wo das Bild scharf ist, schauen wir genau hin.

Wählt der Fotograf eine große Blende, ergibt das wenig Schärfentiefe. Die Lichtstrahlen fallen durch eine große Öffnung, was bewirkt, dass viele Punkte vor und hinter der mittleren Person nicht als Punkte wiedergegeben werden, sondern als kleine Scheibchen abgebildet sind und übereinander zu liegen kommen. Dadurch entsteht Unschärfe. Wählt der Fotograf eine kleine Blende, können die Lichtstrahlen nur gerade durch eine kleine Öffnung einfallen. Die meisten Punkte werden auch als Punkte wiedergegeben. So ist alles auf dem Foto von vorne bis hinten scharf zu sehen.

Wie ist ein Objektiv gebaut?

Das Objektiv ist der wichtigste Teil der Kamera. Von ihm werden die Lichtstrahlen gesammelt und auf die Filmebene gerichtet. Etwa vier bis 14 Linsen verschiedener Formen und Dicke werden in bestimmten Abständen zueinander angeordnet. Warum genügt nicht eine einzige Linse? Sieh mal durch eine Lupe. Sie liefert nur in der Mitte ein scharfes Bild. Jede Linsenform hat Linsenfehler. Kombiniert man verschiedene Linsen zu einem optischen System, heben sich diese Fehler gegenseitig auf.

Es gibt Objektive verschiedener Brennweiten. Der Begriff Brennweite lässt sich mit einer Lupe erklären. Diese Linse bündelt die Strahlen. Den Punkt, in dem sich die Strahlen sammeln, nennt man Brennpunkt. Die Distanz von der Linse zum Brennpunkt ist die Brennweite. Beim Objektiv sagt die Brennweite aus, welcher Bildwinkel erfasst wird. Ein Weitwinkelobjektiv hat eine kurze Brennweite (beispielsweise 24 oder 35 mm). Eine lange Brennweite von 85 bis 1000 mm haben Teleobjektive, die nur einen kleinen Ausschnitt erfassen, der uns ganz nah erscheint. Das Normal- oder Standardobjektiv einer Kleinbildkamera hat eine Brennweite von 40 bis 55 mm. Bei Zoomobjektiven ist die Brennweite verstellbar, zum Beispiel von 80 bis 200 mm.

Das Gesicht des Jungen wird durch die Linse der Lupe verzerrt. Nur sein Auge ist gut zu erkennen.

Objektive

Weitwinkel-Objektiv (Brennweite 24 mm)

Ein Weitwinkelobjektiv erkennt man daran, dass es sehr kurz ist.

Tele-Objektiv (Brennweite 300 mm)

Die riesigen Teleobjektive sind sehr schwer. Oft stützt sie der Fotograf auf einem Einbeinstativ ab.

Zoom-Objektiv (Brennweite 17–35 mm)

In einem Zoomobjektiv stecken genau genommen mehrere Objektive. Mit ihm können stufenlos verschiedene Brennweiten eingestellt werden.

Linsenformen

Die Sammellinse heißt auch konvexe Linse. Sie ist in der Mitte dicker, wird gegen den Rand hin immer dünner und sammelt die Lichtstrahlen so, dass diese zur Mitte hin gebündelt werden. Dort, wo der Lichtstrahl auf die Linse trifft, funktioniert diese wie ein einzelnes Prisma und

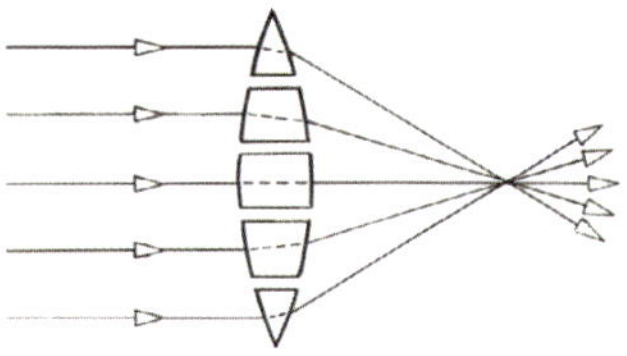

Sammellinse

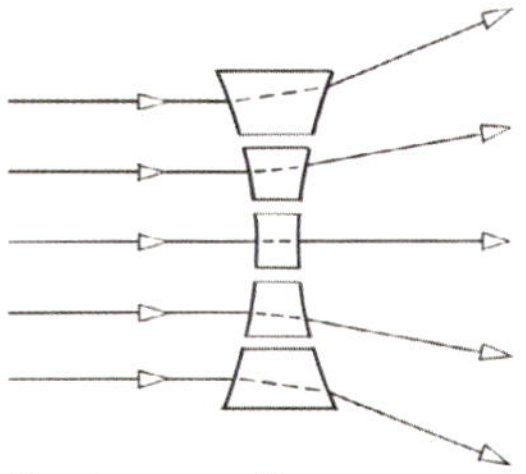

Zerstreuungslinse

bricht den Lichtstrahl in eine Richtung. Die Zerstreuungslinse heißt auch konkave Linse. Weil sie in der Mitte dünner ist als am Rand, zerstreut sie die Lichtstrahlen.

Menschliches Auge – Fotokamera

Das Auge und die Kamera

Die Fotokamera und das menschliche Auge funktionieren ähnlich. Deshalb lassen sie sich gut miteinander vergleichen. Die Lichtstrahlen fallen beim Auge durch eine einzige Sammellinse. Die Kamera braucht ein optisches System aus mehreren Linsen, die das Licht bündeln. Die Iris des Auges kann die Pupille vergrößern oder verkleinern. Die Blende der Kamera verändert die Größe des Lochs. Dadurch wird die Lichtmenge reguliert. Beim Auge fallen die Lichtstrahlen auf die Netzhaut. Diese lichtempfindliche Schicht an der Rückwand des Auges besteht aus zwei unterschiedlichen Arten von Zellen. Die Stäbchen erkennen die Helligkeit, die Zapfen die Farbe. Ähnlich funktioniert ein Farbfilm oder besser der Sensor einer Digitalkamera. Der Sehnerv leitet die Reize, die das Licht auslöst, an das Gehirn weiter. Der Sensor leitet die Impulse an die Speicherkarte. Beim Auge wie beim Fotoapparat entsteht ein auf dem Kopf stehendes und seitenverkehrtes Bild. Unser Gehirn dreht das Bild automatisch um. Mit der Kamera wird ein scharfes Bild erzeugt, indem man die Distanz der Linsen zur Rückwand verändert. Winzige Muskeln können die Form der Linse des Auges verwandeln. Damit wir das, worauf wir uns konzentrieren, auch scharf sehen, muss die Linse dicker oder dünner sein, je nachdem, ob wir in die Ferne oder Nähe schauen.

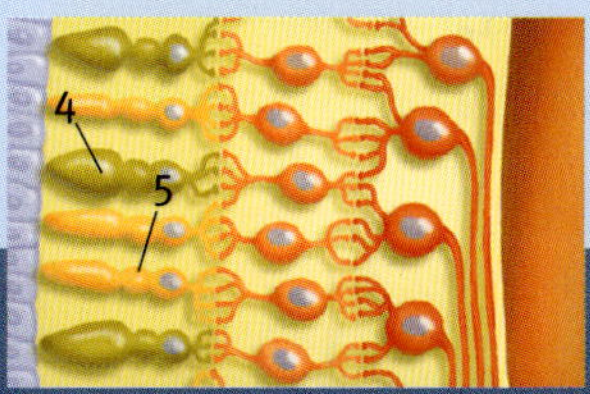

Aufbau der Netzhaut

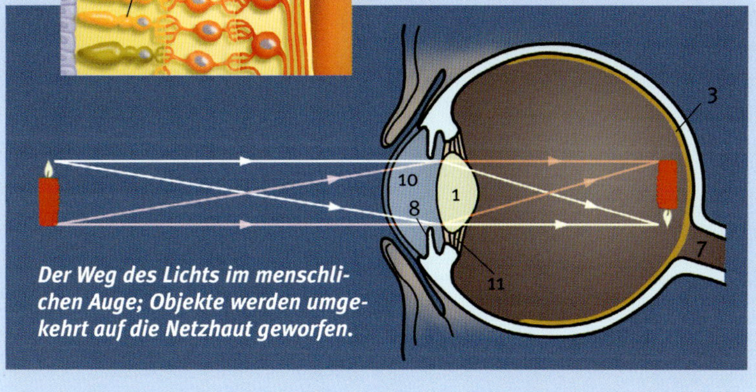

Der Weg des Lichts im menschlichen Auge; Objekte werden umgekehrt auf die Netzhaut geworfen.

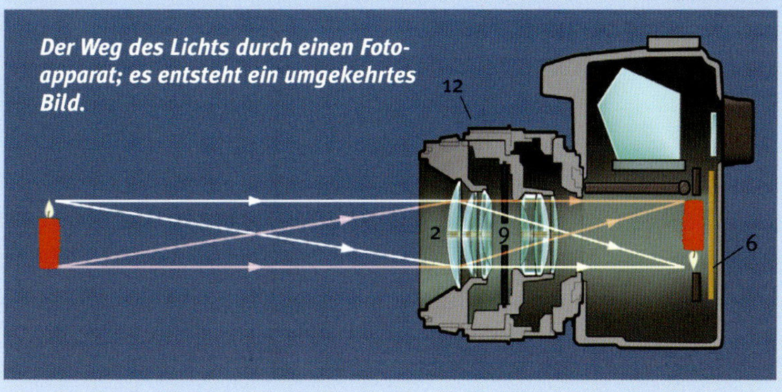

Der Weg des Lichts durch einen Fotoapparat; es entsteht ein umgekehrtes Bild.

1 konvexe Linse des Auges
2 Linsensystem des Objektivs
3 Netzhaut
4 Zapfen
5 Stäbchen
6 Film oder Sensor
7 Sehnerv
8 Iris
9 Blende
10 Pupille
11 Ringmuskeln
12 Einstellung der Entfernung

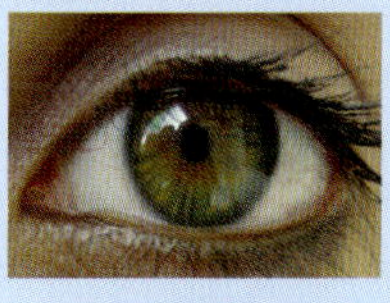

Bei Helligkeit verkleinert sich die Iris,...

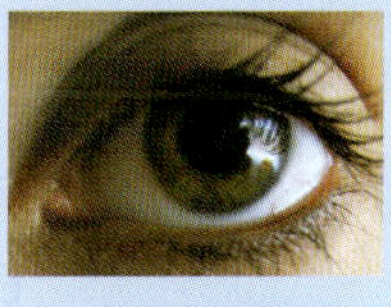

... bei geringem Lichteinfall vergrößert sie sich.

Bei einer kleinen Blende dringt wenig Licht ein.

Eine große Blende lässt mehr Licht in die Kamera einfallen.

Die Pupille des Auges – die Blende der Kamera

Sowohl das menschliche Auge als auch die Kamera haben eine Vorrichtung, um die Lichtmenge zu begrenzen. Beim Auge heißt diese Iris, beim Fotoapparat ist es die Blende. Wird es dem Auge zu hell, schlleßt sich die Iris, ist es zu dunkel, öffnet sie sich automatisch, bis für das Auge wieder eine verträgliche Helligkeit entsteht. Das Loch, durch welches das Licht dringen kann, heißt Pupille. Bei der Fotokamera ist es die Größe der Blende, welche die Lichtmenge bestimmt.

Wie Objektive sehen

Normal-Objektiv

Das Objektiv ist „das Auge der Kamera“. Je nachdem, wie die Linsen zu einer Gruppe zusammengesetzt sind, „sieht“ ein Objektiv gleich oder auch anders als das menschliche Auge. Entspricht der Blickwinkel des Objektivs demjenigen unserer Augen, so wird es „Normalobjektiv“ genannt. Durch ein Normalobjektiv betrachtet, sieht die Welt genau so aus, als ob wir ohne Kamera schauen würden.

Mit einem Normalobjektiv sieht man, als ob man mit bloßem Auge schauen würde.

Weitwinkel-Objektiv

Das Foto ist mit einem Weitwinkelobjektiv aufgenommen. Das Panoramaformat lässt den Blickwinkel noch weiter erscheinen.

Ein Objektiv, welches einen viel weiteren Ausschnitt der Wirklichkeit zeigt, heißt Weitwinkelobjektiv. Durch das Weitwinkelobjektiv werden die Linien am Rand des Bildes gebogen. Dinge, die in der Bildmitte liegen, werden besonders groß wiedergegeben. Für Landschaftsbilder werden zumeist Weitwinkelobjektive benutzt.

Tele-Objektiv

Ein Objektiv, das wie ein Fernrohr die Dinge ganz nah heranholt, heißt Teleobjektiv. Für Porträtbilder und Sportaufnahmen eignen sich Teleobjektive oder eine entsprechende Einstellung am Zoomobjektiv ganz besonders.

Die Sportlerinnen sind ganz nah, obwohl der Fotograf einige Meter entfernt ist.

Makro-Objektiv

Man kann ganz nah an das Tier heran.

Um winzige Dinge oder kleinste Tiere fotografieren zu können, braucht es ein Spezialobjektiv, das Makroobjektiv heißt. Bei vielen Digitalkameras sind Makrofotos dank einer speziellen Einstellung möglich.

Fischauge

Das Fischaugenobjektiv lässt die Ränder rund werden.

Ein weiteres Spezialobjektiv heißt Fischauge. Gerade Linien werden durch dieses Objektiv sehr stark gekrümmt und flache Gegenstände dramatisch gewölbt, wodurch eindrucksvolle aber auch unnatürliche Fotos entstehen.

Zoom-Objektiv

Heutzutage sind viele Fotokameras mit einem Zoomobjektiv ausgestattet. Das bedeutet, dass in einem einzigen Objektiv mehrere „verpackt“ sind. Zwischen zwei Grenzwerten können stufenlos Einstellungen vorgenommen werden.

Mit einem Zoom kann man das gewählte Motiv...

... immer näher...

... und näher zu sich heranholen.

Wie funktioniert eine Spiegelreflexkamera?

Die Spiegelreflexkamera ist bei professionellen Fotografen und auch Amateuren die beliebteste Fotokamera. Sie hat gegenüber den billigeren Sucherkameras einen großen Vorteil. Schaut man durch den Sucher (1) einer Spiegelreflexkamera, entspricht das Bild, welches man sieht, genau demjenigen, welches tatsächlich entstehen wird. Die Lichtstrahlen fallen durch das Objektiv (2) auf einen Spiegel (3), der im 45° Winkel zu den einfallenden Strahlen steht. Diese werden vom Spiegel zurückgeworfen und im Kopf der Kamera (4) durch ein raffiniertes fünfkantiges Spiegelsystem, einem Pentaprisma, mehrmals umgelenkt, bis sie das Auge treffen. Wird auf den Auslöser gedrückt, klappt der Spiegel hoch, der Verschluss öffnet sich und die Lichtstrahlen fallen nun direkt auf den analogen Film oder den digitalen Sensor (5). Gleich danach fällt der Spiegel wieder in seine ursprüngliche Stellung. Da ein Spiegel das Bild, welches durch das Objektiv dringt, zum Sucher und somit zum Auge reflektiert, heißt dieser Fotoapparat „Spiegelreflexkamera".

Fotografiert man mit einer Spiegelreflexkamera, sieht man genau das Bild, welches entstehen wird, weil es durch mehrere Spiegel zum Sucher gelenkt wird.

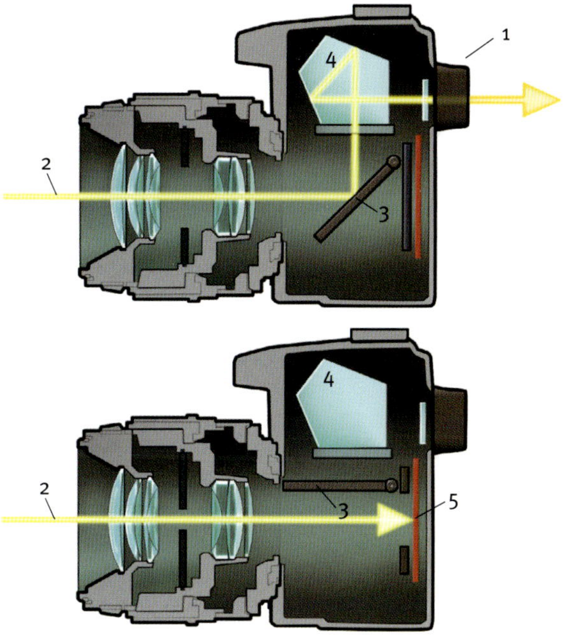

Spiegelreflexkamera: Lichtstrahlen werden mit einem Spiegel zum Sucher gelenkt. Wird abgedrückt, klappt der Spiegel hoch.

Fotografiert man mit einer Sucherkamera, sieht das Objektiv nicht genau dasselbe wie der Mensch hinter dem Fotoapparat.

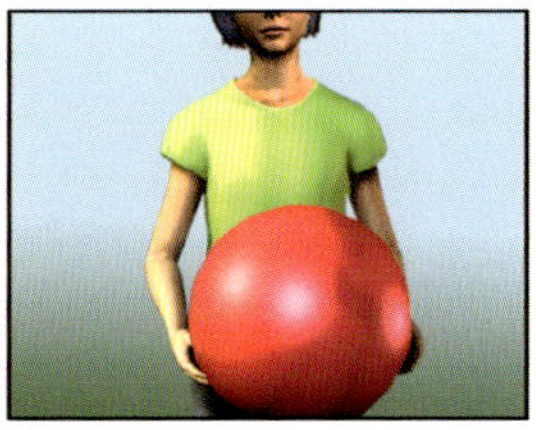

Parallaxe

Bei einfachen Sucherkameras ist das Sucherfenster gegenüber dem Objektiv in der Höhe und oft auch seitlich versetzt. Der Sucher (1) zeigt den Bildausschnitt getrennt vom Objektiv (2). Deshalb sind die optischen Achsen (3) des Suchers und des Objektivs nicht gleich. Dieses Phänomen nennt man Parallaxe. Der Bildausschnitt, den das Objektiv „sieht", ist leicht verschoben zu demjenigen des Betrachters. Wird eine digitale Sucherkamera benutzt, das Bild aber nicht durch den Sucher, sondern den Monitor betrachtet, entspricht das Monitorbild genau dem Bild, das gespeichert wird.

Was ist analoge – was digitale Fotografie?

Bei der analogen Fotografie trifft das Licht auf die lichtempfindliche Schicht des Negativ- oder Diafilms und löst eine chemische Reaktion aus. Damit man das Bild sehen kann, muss der Negativ- oder Diafilm entwickelt werden. Von den Negativen stellt man Positive, also Fotos auf Papier her. Dias können mithilfe eines Projektors betrachtet werden, der die Lichtbilder auf eine Leinwand projiziert. In der digitalen Fotografie wird die Helligkeit und Farbe des Lichts elektronisch gespeichert. Die Lichtstrahlen, welche auf die winzigen Zellen des Sensors treffen, erzeugen einen mehr oder weniger starken elektronischen Impuls. Diese Informationen werden an die Speicherkarte weitergeleitet. Ein digital gespeichertes Bild kann gleich nach der Aufnahme auf dem Monitor betrachtet werden. Auch mit digitalen Daten lassen sich Fotos auf Papier anfertigen.

Analoge Farbdias werden mithilfe eines Projektors betrachtet.

Was ist ein Pixel?

Ein digital aufgenommenes Bild besteht aus Pixeln. Das sind winzige Farbpunkte, die zusammen das Bild ergeben. Vergrößert man ein Bild, das nur aus wenigen Pixeln besteht, kann das Auge die einzelnen Punkte erkennen. Mit einer großen Pixelzahl aufgenommene Bilder haben eine höhere Auflösung. Das heißt auch, bei einer Vergrößerung sind die Punkte immer noch so klein, dass das Auge sie nicht einzeln erkennen kann. Wenn der Sensor viele Pixel erfasst, ergibt das eine hohe Bildqualität. Um ein Foto am Computermonitor zu betrachten, reicht eine niedrige Auflösung von 72 Pixel pro Inch aus (1 Inch sind 2,54 cm), das entspricht genau der Auflösung eines Bildschirms. Möchte man hingegen ein Foto auf Papier drucken, braucht es 300 Pixel pro Inch. Bei digitalen Ka-

Mit dieser Karte werden die Bilder elektronisch gespeichert.

Durch die Detailvergrößerung erkennt man die Farbpunkte.

Der digitale Sensor

Der Sensor einer digitalen Kamera besteht aus winzigen Bausteinen, die zumeist wie ein Schachbrettmuster angeordnet sind. Durch die Einwirkung von Licht werden die einzelnen Elemente elektronisch geladen. Eine separate Speicherkarte hält diese Ladungszustände fest. Die lichtempfindlichen Zellen sind allerdings farbenblind. Sie messen nur die Helligkeit. Damit digitale Fotos in Farbe wiedergegeben werden können, wird jede Zelle mit einem winzigen Farbfilter überzogen, der entweder nur rote, blaue oder grüne Lichtstrahlen durchlässt. So entstehen Lichtpunkte der Grundfarben Rot, Grün und Blau. Mit ihnen lassen sich alle vorhandenen Farben bilden.

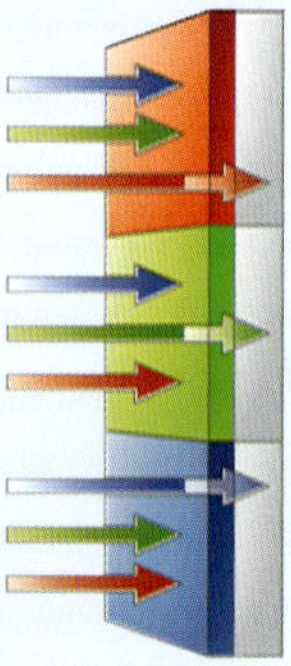

Oben: digitaler Sensor; rechts: Zellen mit Farbfilter

Das Bild von Seite 19 wird am Computer bearbeitet.

meras wird angegeben, mit wie vielen Pixeln ein Bild gespeichert werden kann. 3 bis 4 Megapixel erlauben schon recht große Fotos.

Wie werden Fotos im Internet verschickt?

Nur wenige Minuten, nachdem sie gemacht worden sind, können Fotos heutzutage verschickt und von Freunden und Bekannten am anderen Ende des Erdballs angeschaut werden. Denn Fotos, die mit einer digitalen Kamera aufgenommen wurden, bestehen aus elektronischen Daten, die sich in kürzester Zeit via Kabelanschluss oder Speicherkarte auf den Computer übertragen lassen. Digitale Bilder haben unterschiedliche Dateiformate. Die gängigsten Formate heißen TIF oder JPG. TIF speichert viel Information und gibt das Bild in höchster Qualität wieder. JPG-Formate sind komprimiert, das heißt, die Information wird reduziert, die Datenmenge kleiner, das Foto verliert dadurch mehr oder weniger an Qualität. Um Fotos zu verschicken, können sie als Anlage an eine E-Mail-Nachricht angehängt werden. Digitale Bilder kann man am Bildschirm seines Computers betrachten oder auf einem Tintenstrahl- oder Fotodrucker ausdrucken. Um ein analoges Bild zu verschicken, muss es zuerst gescannt werden. Das Gerät tastet alle Stellen des Bildes ab und zerlegt sie in kleinste Einheiten. Wenn ein Bild so „gelesen" und die Bildinformationen in Pixel umgerechnet werden, entsteht aus dem analogen ein digitales Foto.

Die digitale Dunkelkammer

Mit einem einfachen Bildbearbeitungsprogramm lassen sich digitale Fotos leicht verändern. Der Bildausschnitt und die Farben können neu bestimmt werden, fantastische Bildeffekte entstehen mit speziellen Filtern. Ein Bild zusätzlich zu bemalen, ist mit Stift und Pinselwerkzeug auch möglich. Um alle digitalen Bilder zu sammeln, braucht man ein Archivierungsprogramm. Oder man brennt die Fotos auf eine CD. Diese technischen Möglichkeiten und Verarbeitungsschritte werden als „digitale Dunkelkammer" bezeichnet, in Anlehnung an das Schwarzweiß- oder Farblabor.

Ein Foto, mit der Digitalkamera aufgenommen oder eingescannt, kann mithilfe des Computers per Internet um die halbe Welt geschickt werden. Der Empfänger schaut es sich am Bildschirm an oder druckt es aus.

Fotografisch gestalten

Ist Fotografieren ein Kinderspiel?

Heutzutage ist es recht einfach, ein Foto zu machen. An modernen Apparaten müssen keine oder nur wenige Einstellungen vorgenommen werden. Man schaut durch den Sucher oder auf den Monitor, drückt auf den Auslöser und schon ist das Bild festgehalten. Aber ist man mit dem Ergebnis immer zufrieden?

Hat sich der Alligator sein Futter, den Fisch, zum Freund gemacht? Davon kann der Fisch kaum noch profitieren, liegt er doch auf dem Trockenen.

Es kann passieren, dass der Betrachter das Hauptmotiv auf dem Foto suchen muss, so klein ist es abgebildet. Rundherum befinden sich eine Menge Dinge, die beim Abdrücken gar nicht wahrgenommen wurden. Die Kamera kann aber nicht ahnen, worauf sich der Fotograf gerade konzentriert. Sie sieht alles gleichwertig und liefert ein mechanisches Abbild der Wirklichkeit. Deshalb soll man beim Fotografieren so nahe an das Motiv herangehen, bis im Bildausschnitt nur noch das zu sehen ist, was wirklich auf das Bild gehört. Wenn der Fotograf nicht weiter überlegt, dann platziert er das Hauptmotiv genau in der Mitte des Bildes. Das ist aber meistens langweilig. Indem man das Wichtigste absichtlich aus dem Zentrum herausrückt, entsteht ein viel spannenderes Bild. Beachtet man diese zwei Grundregeln, werden die Fotos schon viel besser. Zur Gestaltung eines Fotos gibt es noch einige weitere Möglichkeiten: zum Beispiel die Perspektive, das Licht und die Wahl der Schärfentiefe.

Jacques Lartigue hat die Schnelligkeit des Fahrzeugs eindrucksvoll festgehalten.

Der jüngste Fotograf der Welt

Als er sechs Jahre alt war, wurde Jacques Henri Lartigue (1894–1986) von seinem Vater in die Geheimnisse der Fotografie eingeführt. Zum achten Geburtstag erhielt er die erste eigene Kamera. Mit dem dazugehörigen Stativ war sie größer als der kleine Junge. Trotzdem begleitete sie ihn nun auf Schritt und Tritt. Er bannte die Familienmitglieder, Haus und Garten, sein Zimmer und Spielzeug auf Glasplatte. Er fotografierte Autorennen und Flugzeuge. Später studierte er Malerei. Als Fotograf wurde er weltberühmt, als seine Fotografien 1963 im Museum of Modern Art in New York zu sehen waren. Da war er 69 Jahre alt.

Im richtigen Moment abgedrückt und der entscheidende Augenblick ist gebannt.

Was ist Perspektive?

Fotografen machen während ihrer Arbeit oft eigenartige Verrenkungen. Sie steigen mit der Kamera auf einen Stuhl oder eine Leiter, klettern auf ein Mäuerchen, gehen in die Knie oder legen sich flach auf den Boden. So können ganz gewöhnliche Dinge spannend wirken, weil man sie aus einem ungewöhnlichen Blickwinkel fotografiert. Bevor man auf den Auslöser drückt, lohnt es sich, das Motiv aus verschiedenen Standpunkten zu betrachten. Blickt man von oben herab, so wie ein Vogel im Flug, nennt man diese Sicht die Vogelperspektive.

Wir sehen den Jungen aus der Froschperspektive, während er selbst gerade aus der Vogelperspektive fotografiert.

Die beiden Sportfotografen, die wir aus der Vogelperspektive betrachten, arbeiten aus der Froschperspektive.

Guckt man wie ein Frosch vom Boden hinauf, spricht man von der Froschperspektive. Augenperspektive heißt es, wenn man mit geradem Blick auf Augenhöhe fotografiert.

Die Perspektive beeinflusst die Wirkung, egal ob ein Haus oder Ding fotografiert wird, ob man einen Menschen oder ein Tier porträtiert. Von oben herab, also aus der Vogelperspektive wirkt alles klein, aus der Froschperspektive groß und mächtig. Will man einen Menschen porträtieren, muss man wissen, dass die Perspektive mitentscheidet, wie er auf uns wirkt. Von oben herab erscheint er eher klein und schwach, von unten herauf übermächtig. Die Augenperspektive zeigt eine Person neutral und auch sympathisch.

Mach mit

Der Ausschnitt aus der Wirklichkeit

Hast du gewusst, dass du das Fotografieren jederzeit auch ohne Fotoapparat üben kannst? Mach es wie die Kameraleute und Fotografen: Spreize Zeigefinger und Daumen beider Hände, so dass sie ein L bilden. Drehe nun eine Hand so, dass das L auf dem Kopf steht. Führe die Fingerspitzen beider Hände zusammen. Es entsteht ein Rechteck, dass du hoch oder quer halten kannst. Nun probiere aus, welcher Ausschnitt deiner Umgebung ein spannendes Foto ergeben könnte. So übst du den „fotografischen Blick". Wähle einen Ausschnitt aus. Wenn du ein Foto gestalten willst, ist dies die erste und wichtigste Entscheidung.

Die Augen des kleinen Mädchens mit ihren Glanzlichtern sind die wichtigsten Punkte dieser Bildkomposition.

Der Hammer liegt fast diagonal. Der Schatten läuft schräg nach hinten. Das Bild wirkt dynamisch.

Was ist die Bildkomposition?

Ein Maler gestaltet sein Bild mit Pinsel und Farbe. Ein Fotograf braucht eine Fotokamera und Dinge der realen Welt. Er bestimmt sein Bild, indem er einen Ausschnitt wählt. Von der Komposition eines jeden Bildes spricht man, wenn sich die Einzelteile zu einem Gesamtbild zusammenfügen. Die Bildkomposition erkennt man leichter, wenn man die Augen ein bisschen zukneift. So sieht man bloss noch Linien, Flächen und Punkte. Nun kann man überlegen, wie diese Formen angeordnet sind. Wie stehen sie miteinander in Verbindung? Verläuft eine Linie schräg über das Bild, erzeugt dies Spannung und ergibt eine dynamische Komposition. Ebenso, wenn kleine Formen großen gegenüberstehen. Sind die Formen gleichmäßig über das Bild verteilt, ist es ruhig und harmonisch. Wenn ein Bild in einen kleinen Teil und einen großen aufgeteilt ist, wirkt das harmonisch und spannend zugleich. Entspricht diese Aufteilung in Groß und Klein einem bestimmten Verhältnis (ungefähr 3:2), dann nennt man das den „Goldenen Schnitt". Beim Fotografieren kann man nun zum Beispiel das Wichtigste so platzieren, dass der Raum links und rechts davon oder oben und unten im „Goldenen Schnitt" aufgeteilt ist. Dieses Größenverhältnis findet man oft in der Natur und es wird vom Menschen seit Jahrtausenden in der Kunst und in der Architektur angewendet.

Das Bild ist fast symmetrisch.

Die Bildkomposition wirkt dadurch ruhig und harmonisch.

Das Geländer ergibt spannende Linien.

Licht

Malen mit Licht

Das Licht ist der Pinsel der Fotografen, sagt man, weil sie mit dem Licht ebenso gut umgehen können, wie die Maler mit dem Pinsel. Sie beobachten es sehr genau und gestalten mit ihm ihre Bilder. Die natürliche Lichtquelle ist die Sonne. Mit künstlichem Licht, Lampen oder Scheinwerfern, wird zumeist das Licht der Sonne nachgeahmt.

Seitenlicht

Früh am Morgen und gegen Abend, wenn die Sonne tief am Horizont steht, scheint sie von der Seite. Durch das Seitenlicht wirkt ein Gesicht oder Objekt besonders plastisch, also geformt.

Vorderlicht

Fallen die Lichtstrahlen direkt von vorne auf das Motiv, spricht man von Vorderlicht. Das Motiv wirkt eher flach. Die Nase erscheint klein, Falten sind kaum oder gar nicht sichtbar.

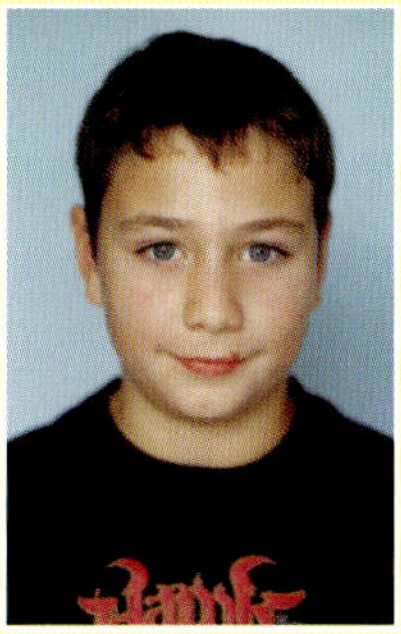

Gegenlicht

Ist das Licht hinter dem Objekt, spricht man von Gegenlicht. Bei diesen Lichtverhältnissen zu fotografieren, ist besonders schwierig. Richtet man die Kamera zum Beispiel gegen die Sonne, wird das Motiv automatisch zu dunkel. Das Blitzlicht kann es aufhellen oder die Belichtung wird korrigiert. Das Gegenlicht eignet sich für Silhouettenbilder.

Oberlicht

Fallen die Sonnenstrahlen mittags steil von oben auf das Motiv herab, spricht man von Oberlicht. Gesichter erhalten bei diesem Licht hässliche Schatten um Augen und Nase. Für Landschaftsaufnahmen ist das Oberlicht jedoch gut geeignet.

Unterlicht

Die Sonne scheint nie von unten herauf. Unterlicht kann man aber mit Scheinwerfern für theatralische Effekte erzeugen und ein Gesicht gruselig erscheinen lassen.

Hartes Licht

Fallen die Strahlen der Sonne bei klarem Himmel gerade auf das Motiv oder wird ein Spotscheinwerfer benutzt, ergibt das ein hartes Licht. Es entstehen harte Schatten mit scharfen, klaren Umrissen.

Weiches Licht

Weiches Licht entsteht, wenn zum Beispiel eine Wolke die Sonne verdeckt. Die Strahlen fallen aus allen Richtungen auf das Motiv. Der Übergang des Schattens ist fließend oder verschwindet. Im Fotostudio wird für weiches Licht ein weißer Schirm oder eine Softbox vor der Lampe angebracht oder das Licht indirekt durch einen reflektierenden Schirm gelenkt.

Spitzlicht oder Glanzlichter

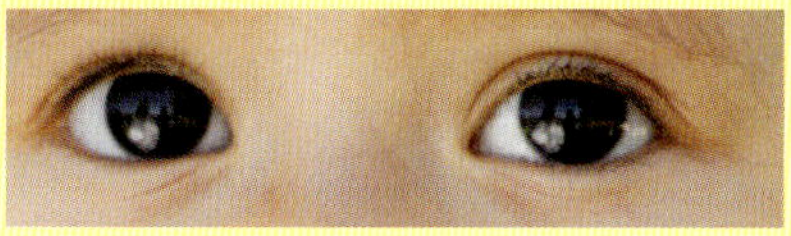

Reflektiert das Licht auf spiegelnden Flächen wie zum Beispiel einer Wasseroberfläche, nennt man das Spitzlicht oder Glanzlicht. Die Augen sind wie Spiegel. Die Lichtquelle, mit der sie fotografiert werden, ist als Glanzlicht erkennbar. In den Augen des Kindes sieht man, dass es mit einer Kunstlichtlampe mit quadratischer Softbox fotografiert wurde.

Fotografische Gebiete

Wie gelingt ein gutes Porträt?

Das Bild eines Menschen nennt man Porträt. Es soll das Typische einer Person zeigen, also das Wesen und die Persönlichkeit zum Ausdruck bringen. Es gibt verschiedene Arten von Porträts. Kopfporträts braucht man meist für Ausweise. Ein Brustporträt zeigt eine Person bis zum Bauch. Wenn auch die Kleidung, zum Beispiel das Brautkleid oder die Ballrobe, zu sehen sein soll, wird ein ganzfiguriges Porträt von Kopf bis Fuß gemacht. Das Foto einer ganzen Schulklasse oder Fußballmannschaft nennt man Gruppenporträt.

Scharf eingestellt wird bei einem Porträt immer auf die Augen, weil wir über die Augen Kontakt zum anderen Menschen aufnehmen. Ein guter Porträtfotograf spricht mit dem Menschen vor der Kamera, um ihn abzulenken. Dann vergisst dieser, dass er fotografiert wird und sein Gesicht ist entspannt und natürlich.

So gelingt ein gutes Porträt.

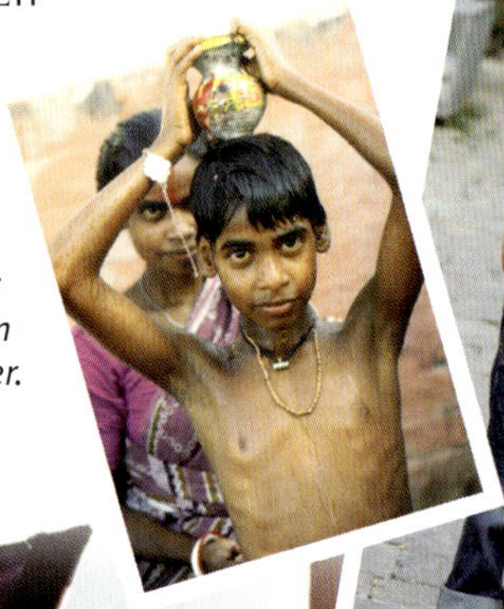

Die Porträts der Kinder spiegeln nicht nur ihr Aussehen, sondern auch ihr Wesen wider.

Achtung, Kamera!

Mach mit – **Selbstporträt**

Willst du von dir selbst ein Foto machen, gibt es zwei Möglichkeiten. Du platzierst die Kamera auf einem stabilen Untergrund und stellst auf den Punkt scharf, wo sich

Du kannst dich auch mit alltäglichen Dingen verkleiden und posieren.

gleich dein Kopf befinden wird. Dann drückst du auf den Selbstauslöser und sprintest vor die Kamera. Überlege schnell: Möchtest du ein wütendes, lachendes oder komisches Gesicht machen?
Du kannst aber auch einen Spiegel nehmen und dorthin stellen, wo du dich in einem schönen Licht fotografieren kannst. Blick durch den Sucher, stell die Kamera ein, und bevor du auf den Auslöser drückst, guckst du hinter der Kamera hervor.

In der Bildredaktion einer Zeitung werden die besten Fotos für die Veröffentlichung ausgesucht.

Mehrere dutzend Fotografen warten auf den Staatsbesuch eines Politikers.

Wie arbeitet ein Fotoreporter?

Ein Reporter ist ein Berichterstatter. Ein Fotoreporter berichtet mit seinen Bildern über interessante Begebenheiten und außergewöhnliche Ereignisse. Ein Star heiratet, eine bekannte Musikgruppe tritt auf, Überschwemmungen zerstören ganze Landstriche, ein Krieg bricht aus. Weltweit sind Fotoreporter unterwegs, um für Zeitungen und Zeitschriften über solche Situationen zu informieren. Es gibt auch ganz einfache Dinge, über die ein Fotoreporter berichtet, wie die Eröffnung eines neuen Krankenhauses oder den 100. Geburtstag eines Mitbürgers. Fotoreporter versuchen, mit ihren Kameras ganz nahe an das Geschehen heranzukommen, um im richtigen Moment abzudrücken. Bildreporter müssen eine gute Reaktionsfähigkeit haben, schnell und flexibel sein und manchmal unter schwierigen Bedingungen arbeiten können. Die Kleinbildkamera eignet sich für diese Arbeit am besten. Fotoreporter machen dutzende, ja sogar hunderte von Aufnahmen für eine einzige Fotogeschichte. Veröffentlicht wird dann nur eine kleine Auswahl. Besonders eindrucksvolle Bilder bleiben dem Betrachter im Gedächtnis, weil sie nicht nur unseren Verstand, sondern auch unsere Gefühle ansprechen.

Die Arbeit eines Fotoreporters kann auch sehr gefährlich sein. Bei einer Demonstration wird Tränengas eingesetzt und der Fotoreporter schützt sich mit einer Maske.

Die Fotografen beobachten das Geschehen auf dem Spielfeld durch ihre Teleobjektive. So erscheinen die Fußballer ganz nah.

Was ist Sportfotografie?

Eine Fußballweltmeisterschaft ohne spannende Fotos? Undenkbar! Was für eine Enttäuschung für den begeisterten Fan, wenn er am Tag nach dem Spiel im Sportteil seiner Tageszeitung keinen gelungenen Schnappschuss vorfinden würde.

Im Sport geht alles sehr schnell. Um eine Bewegung „einfrieren" zu können, wählen Sportfotografen eine möglichst kurze Belichtungszeit. Oft wird mit sehr starken Teleobjektiven gearbeitet, die auf einem Einbeinstativ abgestützt sind. Um ein gallopierendes Pferd, einen Formel-1-Rennwagen, einen Hürdenspringer einzufangen, braucht man eine gute Reaktion. Dem Sportfotografen hilft die moderne Kameratechnik. Der Apparat kann so eingestellt werden, dass in einer einzigen Sekunde bis zu sechs Bilder entstehen. In dieser Auswahl ist dann der entscheidende Moment ganz bestimmt dabei. Schnell geht dank der Digitaltechnik auch die Übertragung der Fotos. Ihre besten schicken die Fotografen kurz nachdem sie entstanden sind per Internet an die Sportredaktion ihrer Zeitung oder an eine Bildagentur. Die Konkurrenz ist riesig. Das Bild soll nicht nur ein außergewöhnliches sein, sondern der Fotograf muss es auch noch möglichst schnell verkaufen. Bei der Sportfotografie handelt es sich auch fast um eine Art Sport. Der schnellste Fotograf mit dem besten Bild gewinnt das Rennen um einen Platz in der Zeitung.

Ein tolles Tor kann man durch ein Foto immer wieder erleben.

Man muss den richtigen Moment erwischen. Hier ist der Footballspieler mitten im Flug.

Wissenschaftsfotografie

Bilder erklären die Welt

Seit der Erfindung der Fotografie dient diese Technik vielen Wissenschaftlern als ein unentbehrliches Hilfsmittel. Wissenschaftliche Fotos werden systematisch erfasst. Wann und wo ein Bild gemacht wurde und in welchem Zusammenhang, muss genau notiert werden. So können auch Jahre später die Forschungsergebnisse für Studien genutzt werden. In der Wissenschaftsfotografie ist die Technik auf dem höchsten Entwicklungsstand: High-Tech-Mikroskope, Digitalkameras und computergestützte Datenbanken gehören längst zum Alltag.

Biologie

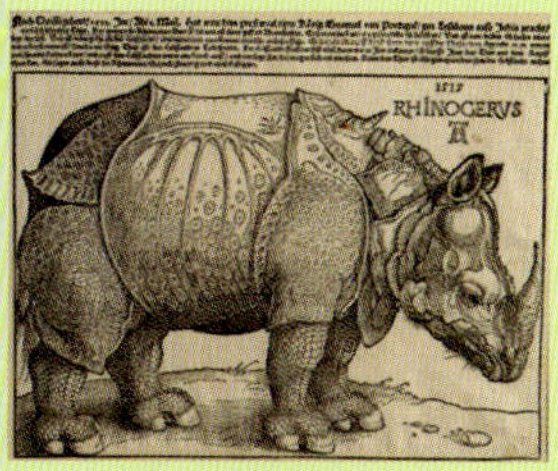

Albrecht Dürers „Rhinozeros“ von 1515

Wer denkt beim Betrachten eines Tier- oder Pflanzenlexikons schon daran, dass solche Sammlungen mit farbigen Fotografien vor hundert Jahren noch nicht existierten? Früher wurden Künstler damit beauftragt, Pflanzen und Tiere für die Bestimmung und Wiedererkennung zu zeichnen.

Archäologie

Indem sie Kult- und Gebrauchsgegenstände alter Kulturen und Funde aus Grabstätten fotografieren, dokumentieren Archäologen ihre Ausgrabungen.

Knochenfund in Sachsen-Anhalt aus der Jungsteinzeit

Medizin

Ärzte erkennen Knochenbrüche auf Röntgenbildern. Krankheitserreger, die sie unter dem Mikroskop entdecken, vergleichen sie mit fotografierten Abbildungen. Zahnärzte dokumentieren mit Fotos die krumme Zahnstellung, die es mit Spangen zu korrigieren gilt.

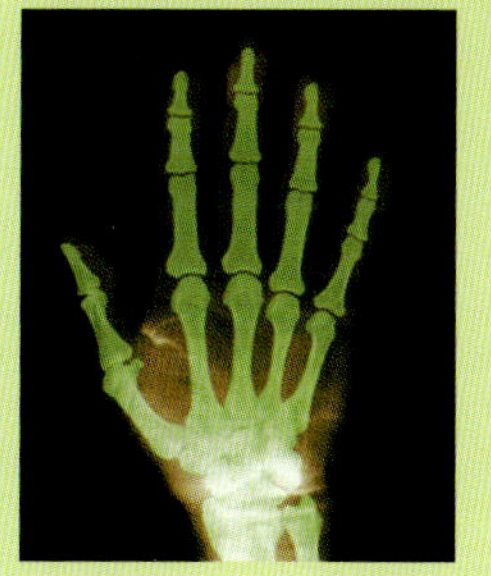

Der Finger ist zum Glück nicht gebrochen.

Genetik

In den Zellen jedes Menschen findet sich eine unverwechselbare Zusammensetzung der DNA. Aus dieser DNA bestehen unsere Chromosomen, die dafür verantwortlich sind, wie unser Körper gebaut ist, also ob wir zum Beispiel groß oder klein sind. Heutzutage sind die Elektronenmikroskope so weit entwickelt, dass man sogar die winzigen Chromosomen darstellen und fotografieren kann.

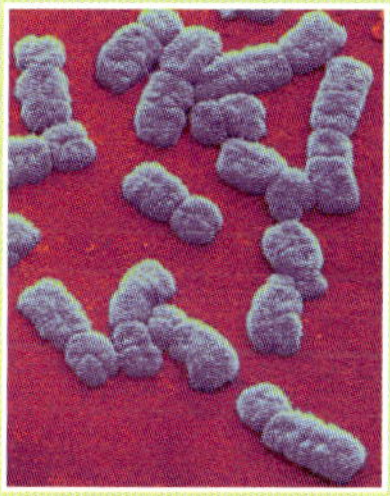

Menschliche Chromosomen unter dem Elektronenmikroskop.

Forschung

Die ersten sensationellen Fotos von der Entwicklung des Lebens im Mutterleib hat der schwedische Fotograf Lennart Nilsson gemacht und damit ein großes Geheimnis sichtbar werden lassen.

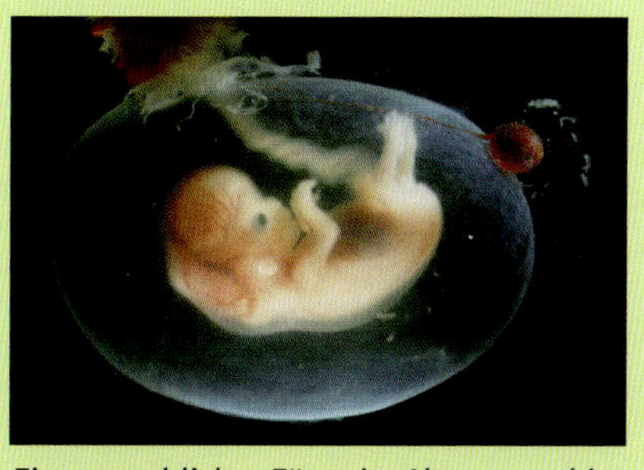

Ein menschlicher Fötus im Alter von 7 bis 8 Wochen in der Gebärmutter

Mikrokosmos

Unter dem Elektronenmikroskop betrachtet, sieht eine Staubmilbe wie ein riesengroßes Monster von einem anderen Planeten aus.

Eine Elektronenmikroskopaufnahme einer Staubmilbe. Sie ist orange eingefärbt worden, was sie noch monströser wirken lässt.

Makrokosmos

Schon vor 200 Jahren entdeckte William Herschel Gasnebel im Universum. In den unendlichen Weiten geschehen die aufregendsten Dinge. Dass es einmal möglich sein würde, Sternbilder zu fotografieren, Milchstraßen und Galaxien mit der Fotokamera zu erforschen, daran dachte er wohl nicht einmal im Traum.

Hier entsteht ein Stern.

Was ist Tanz- und Theaterfotografie?

In großen Opern- und Schauspielhäusern arbeiten so genannte Hausfotografen. Während der Proben macht sich der Fotograf mit dem Stück vertraut, um dann bei einer Kostümprobe oder einer der letzten Proben vor der Premiere Fotos der Aufführung zu machen. Er kennt die Abläufe, sieht voraus, wer wann genau was im nächsten Augenblick macht. Eine Tänzerin dreht sich um die eigene Achse, ein Schauspieler spricht mit großer Geste. Im richtigen Moment eingefangen sind die Theaterfotos sehr wirkungsvoll.

Die Bilder werden an die Presse verschickt oder im Schaukasten am Eingang des Theaters aufgehängt. Sie sollen die Menschen neugierig auf das Stück und die Schauspieler machen. Schließlich gelangen die Bilder ins Archiv. Mit den Fotos aller Aufführungen können die Theater ihre Geschichte dokumentieren.

Um das Geschehen auf der Bühne nicht zu stören, arbeiten Theaterfotografen mit einer möglichst leisen Kamera, die fast keinen Lärm macht, wenn sie auf den Auslöser drücken. Oft werden Szenen im Theater nur mit wenigen Scheinwerfern beleuchtet. Nur mit den besten Objektiven können bei so spärlichem Licht Bilder gelingen.

Manchmal dürfen Theaterfotografen auch einen Blick hinter die Kulissen werfen. Fotos von „hinter der Bühne“ zeigen spannende Momente aus dem Alltag der Theaterleute.

Ob sich die beiden kostümierten Schweinchen streiten?

Die festgehaltenen Bewegungen machen Lust, sich die Aufführung anzusehen.

Mach mit

MEIN HAUSTIER

Deine Katze, dein Hund, Hamster oder Kanarienvogel eignen sich gut als „Fotomodell“, weil du das Verhalten und die Gewohnheiten deines Haustiers sehr gut kennst. Du weißt bestimmt, welche Situationen ein gelungenes Bild ergeben könnten. Wenn dir jemand beim Fotografieren hilft, könnt ihr versuchen, das Tier mit einem Leckerbissen zu locken, damit es in die gewünschte Richtung schaut. Vielleicht ist dein Haustier so geduldig, dass du mit ihm ein Scherzfoto machen kannst, indem du ihm eine Brille aufsetzt. Im Spiel mit Tieren ergeben sich viele Schnappschüsse. Es braucht allerdings etwas Geduld, Ausdauer und vor allem eine blitzschnelle Reaktionsfähigkeit, um den richtigen Augenblick zu erwischen. Bist du mit den ersten Bildern noch nicht zufrieden, dann gib noch nicht auf, sondern versuche es ein zweites und drittes Mal.

Man weiß nicht, ob das Nilpferd jemandem mit seinen Zähnen droht, oder einfach nur gähnt.

Wie werden Tiere fotografiert?

Löwen, Tiger, Panther und andere gefährliche Tiere betrachten auch Fotografen lieber aus der Distanz. Prächtige Bilder von Raubkatzen und sonstigen wilden Tieren machen sie mit Teleobjektiven. So holen sie das Motiv „nahe heran“ und sind trotzdem geschützt. Winzige Tiere wie Bienen oder Ameisen werden mit einem speziell konstruierten Makroobjektiv fotografiert. Es ermöglicht, dass man ganz nahe an ein Objekt herangehen und trotzdem ein scharfes Foto machen kann. Viele Digitalkameras können so eingestellt werden, dass mit ihrem Zoomobjektiv auch Makroaufnahmen möglich sind. Für Fotos von Fischen ist eine wasserdichte Unterwasserkamera nötig. Besonders schwierig ist es, Bilder von Tiereltern mit ihren Jungen zu machen, weil diese aus Sorge um ihre Nachkommenschaft sehr ängstlich oder auch aggressiv auf jede Störung reagieren. Oft ist es sinnvoll, die schwarze Kamera gut zu verstecken oder zu tarnen und die Fotokamera mit einer Fernauslösung zu bedienen. Es gibt eine ganze Reihe weiterer Tricks, um mit der Fotokamera nahe an Tiere heranzukommen. Heutzutage werden sogar Schlangen oder Nagetieren Minikameras am Körper befestigt, so dass Bilder aus der Perspektive eines Tieres entstehen. Die Fotografen müssen die Gewohnheiten der Tiere sehr genau kennen und sie brauchen viel Geduld, Experimentierfreude und auch ein bisschen Glück, um genau den richtigen Moment zu erwischen.

Der Clownfisch zeigt sich von seiner schönsten Seite.

Aus sicherer Distanz holt der Tierfotograf das Bild der Löwen mit dem Teleobjektiv nah heran.

Was ist Landschaftsfotografie?

Nirgendwo auf der Welt sieht eine Landschaft genau gleich aus wie die andere. Bäche, Seen, Bergketten, Wälder und Wüstentäler bieten fantastische Anblicke. Seit Beginn der Fotografie sind Aufnahmen von Landschaften und der Natur besonders beliebt. Einer der berühmtesten amerikanischen Landschaftsfotografen heißt Ansel Adams (1902–1984). Wochenlang fuhr er mit dem Auto durch die schönsten Gebiete Amerikas, um mit seiner Großformatkamera prächtige Schwarzweißbilder der Natur zu machen. Felsen, Wasserfälle und andere Naturwunder hatten es ihm schon als 14-Jährigem angetan. Auf einer Wanderung mit seinen Eltern machte er mit einer einfachen Boxkamera die ersten Schnappschüsse. Für Fotos von Landschaften werden meistens Weitwinkelobjektive benutzt. Es braucht viel Zeit und auch Geduld, um herauszufinden, bei welcher Tages- und Jahreszeit sich die Wiesen, Berge und Täler besonders für ein Foto eignen. Auch lohnt es sich, früh aufzustehen, um eine Landschaft in der bezaubernden Stimmung des Morgenlichts sehen zu können. Eine verschneite Winterlandschaft, ein farbenprächtiger Laubwald im Herbst, Tautropfen an Gräsern oder kleine weiße Kumuluswolken am stahlblauen Himmel sind fotogene Motive. Mit dem fotografischen Auge gesehen, werden Wanderungen und Ausflüge in die Natur spannende Entdeckungsreisen.

© Ansel Adams
Ein berühmtes Motiv von Ansel Adams, welches die Gewitterwolken über dem Yosemite Park in Kalifornien eindrucksvoll in Szene setzt.

Architektur

Ein kleines Einfamilienhaus, ein imposanter Wolkenkratzer, eine Fabrik oder eine gigantische Brücke, sie alle werden von Architekten entworfen. Die kleinen Modelle, die Bauarbeiten und natürlich vor allem die fertigen Werke gilt es zu dokumentieren. Architekturfotografen benutzen dazu eine Großformatkamera, die auch Fachkamera heißt. Durch spezielle Einstellungen an der Kamera kann vermieden werden, dass „stürzende Linien" den Eindruck erwecken, als ob das Bauwerk kippen würde.

Die Architektur der Oper in Sydney ist dank Fotos auf der ganzen Welt bekannt.

Zauberhafte Stimmung im Morgenlicht

Fotografische Stile

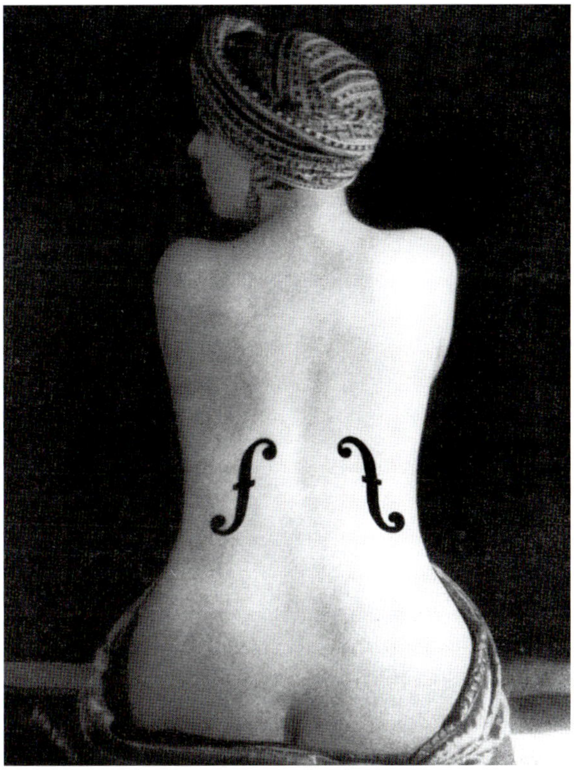

1924 fotografierte Man Ray den Rücken seiner Geliebten Kiki de Montparnasse. Auf das Foto malte er anschließend die Schallöffnungen einer Geige.

Eine Paprika als Kunstwerk

Der amerikanische Fotograf Edward Weston (1886–1958) hat einen fotografischen Stil entwickelt, mit dem es ihm gelang, ganz gewöhnliche Dinge des Alltags so zu fotografieren, dass er sie zu wahren Kunstobjekten erhob. Viele Menschen, die diese Fotografie betrachten, sehen nicht nur eine Paprika, sondern erkennen in der Form auch einen menschlichen Rücken oder zwei ineinander verschlungene Menschen. Um diese einzigartige Aufnahme zu erhalten, hatte Westen wochenlang Paprikas fotografiert.

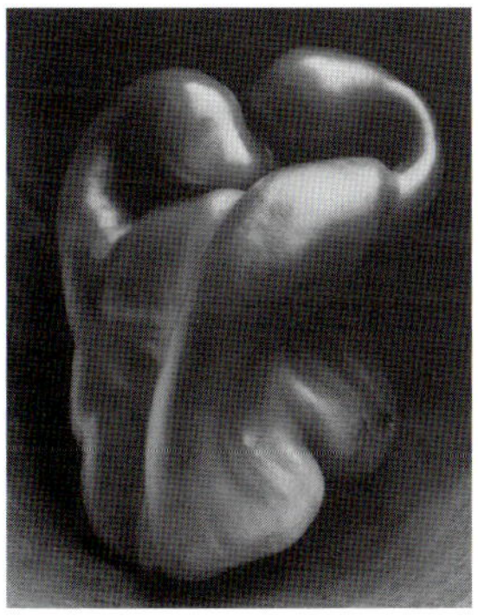

© Edward Weston „Paprika Nr. 30“, 1930

Was ist experimentelle Fotografie?

Kaum war die Fotografie erfunden, nutzten viele Künstler die neue Technik, um damit Kunstwerke zu schaffen. Der Amerikaner Man Ray (1890–1976) war ursprünglich Maler und Bildhauer, berühmt wurde er jedoch vor allem mit seinen Fotografien. Als er begann, seine Gemälde mit der Kamera aufzunehmen, entdeckte er die gestalterischen Möglichkeiten der Fotografie. Man Ray spielte mit den fotografischen Materialien. Er machte zum Beispiel Fotos ohne Kamera, indem er Gegenstände direkt auf das Fotopapier legte und dieses belichtete. Es entstanden Fotogramme, die er „Rayogramme“ nannte. Als versehentlich bei der Arbeit im Fotolabor Licht auf den Film fiel, der gerade entwickelte wurde, entdeckte er einen weiteren Effekt: Die Positive erhielten einen dunklen Umriss und auf die Bilder legte sich ein geisterhafter Schimmer.

Den Effekt der Pseudosolarisation erkennt man an den schwarzen Umrissen.

Das Mädchen, das in einer Baumwollspinnerei für wenig Lohn arbeiten musste, fotografierte Lewis W. Hine 1908 in Carolina, USA.

Was ist sozialdokumentarische Fotografie?

Als der Däne Jacob A. Riis (1849–1915) mit 21 Jahren nach Amerika kam, fand er bald eine Stelle als Polizeireporter bei der Zeitung. Bei seiner Arbeit sah er das Elend der armen Leute in New York und war tief erschüttert. Er wollte auf die Armut dieser Menschen aufmerksam machen. Aber er merkte bald, dass geschriebene Worte nicht genügten. Deshalb begann er die Slums, in denen die Ärmsten der Armen hausten, zu fotografieren. Seine Bilder waren ein Appell an die soziale Gerechtigkeit. Kein Mensch sollte andere Menschen so leben lassen.

Die Dokumentationen beeindruckten Politiker und einflussreiche Leute so, dass Maßnahmen ergriffen wurden, die Lebensbedingungen in den Elendsvierteln und die Ausbildung der Kinder zu verbessern.

Lewis W. Hine (1874–1940) gab 1908 seine Stelle als Lehrer auf und fotografierte Kinder, die in der Landwirtschaft, in Bergwerken und Spinnereien unter erbärmlichsten Bedingungen arbeiten mussten. Oft schmuggelte er seine Kamera in die Fabriken. Seine Beweisfotos im Kampf gegen die Ausbeutung von Kindern rüttelte die Menschen auf. Mit seiner Berichterstattung über Minderjährige als billige Arbeitskräfte erreichte er, dass 1941 die Kinderarbeit gesetzlich verboten wurde.

Lewis W. Hine machte dieses Bild 1910. Die zwei Mädchen arbeiten in einer Strumpfwarenfabrik.

Die Fotoagentur Magnum

Mitte der 1920er-Jahre ergriffen immer mehr junge Männer und auch einige Frauen den neuen Beruf des Fotojournalisten. Sie nutzten die Möglichkeiten der Leica-Kamera. Die Zahl der Fotomagazine und Fotojournale stieg rapide an. Bildagenturen beauftragten Reportagefotografen, Bildmaterial zu liefern. Die Fotografen gaben ihre belichteten Filme ab und verloren damit die Kontrolle über ihre Fotos. Allzu oft wurden die Bilder verfälscht oder verfremdet. Der Unmut unter den Fotojournalisten stieg. Sechs besonders begabte Fotografen, unter ihnen Henri Cartier-Bresson, Ropert Capa und David Seymour, gründeten schließlich 1947 ihre eigene unabhängige Bildagentur, der sie den Namen „Magnum" gaben. Sie sollte die berühmteste Agentur der Welt werden. Die Fotografen arbeiteten für die bedeutendsten Fotojournale wie das US-Magazin Life, das englische Magazin Picture Post und das französische Magazin Paris Match. Auch heute arbeiten nur die allerbesten Fotografen für diese Agentur. Durch Filialen in New York, London, Paris und Tokio werden von Magnum weltweit Bilder für die Presse, die Werbung, Galerien und Museen angeboten.

Was ist straight photography?

Zu Beginn der Fotografie wurde versucht, die Malerei nachzuahmen. Fotos, die wie gemalt aussahen, empfanden mit der Zeit immer mehr Menschen als verlogen und unecht. Als Gegenbewegung entwickelte sich in den 1920er-Jahren in Amerika ein neuer fotografischer Stil, der „straight photography“ genannt wird. „Straight“ bedeutet „direkt“ oder „gerade“. Die Fotografen wollten ungekünstelt, direkt das Wesen der alltäglichen Dinge mit den Mitteln der Fotografie erfassen. Sie wollten objektive, sachliche Fotos machen. Gleichzeitig entwickelte sich in Deutschland der Stil der „Neuen Sachlichkeit“. Bedeutende Fotografen dieses neuen Stils sind der Deutsche Albert Renger-Patzsch (1897–1966) und der Schweizer Hans Finsler (1891–1972). 1932 gründete in Amerika eine Gruppe von sieben Fotografinnen und Fotografen, darunter Ansel Adams, Imogen Cunningham und Edward Weston, die Gruppe f/64. Sie beschlossen, ausschließlich Fotos mit der größtmöglichen Schärfentiefe zu machen. Das heißt, die Fotos waren vom Vordergrund bis in den Hintergrund scharf und damit von höchster Genauigkeit. Die größtmögliche Schärfentiefe erreicht man mit der kleinstmöglichen Blende einer Großformatkamera, der Blende 64. Die Mitglieder der Gruppe f/64 wurden zu den wichtigsten Vertretern der „straight photography“. Ihre Fotos mit absoluter Bildschärfe beeinflussten mehrere Jahrzehnte die amerikanischen Fotografen.

„Töpfermeister aus Frechen“, 1934 von August Sander; eine Fotografie aus der Gruppe „Die Handwerker“.

1950 machte Otto Steinert diese Fotografie, der er den originellen Namen „Ein-Fuß-Gänger“ gab.

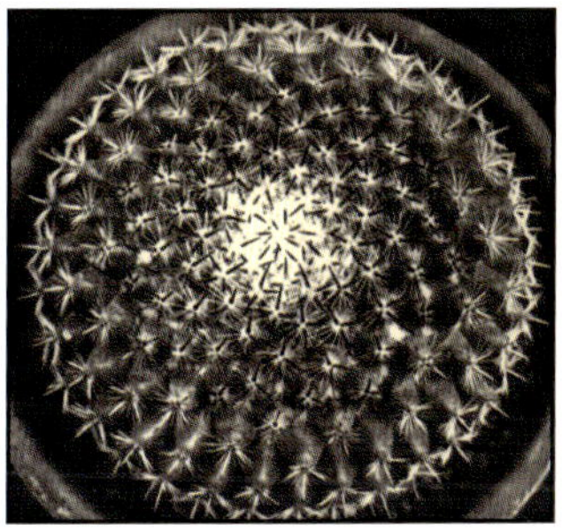

oben: „Cactaceae Mammilaria“, 1926 von A. Renger-Patzsch; unten: © Hans Finsler „Elektrische Birne“

Subjektive Fotografie

Der deutsche Fotograf Otto Steinert (1915–1978) war der Begründer einer internationalen fotografischen Bewegung. Er nannte sie „Subjektive Fotografie“, weil für ihn der Mensch hinter der Kamera am allerwichtigsten war. Der Fotoapparat sollte ihm als Werkzeug dienen, um damit seine persönliche Sicht der Dinge darzustellen. Otto Steinert hatte auf viele Fotografen einen großen Einfluss . Mit seiner Ausstellung „Subjektive Fotografie“ wurde er 1951 weltberühmt.

REVENGE OF THE GOLDFISH © 1981 Sandy Skoglund
1981 machte Sandy Skoglund die Fotografie „Revenge of the Goldfish“. Ein bürgerliches Wohnzimmer wird von übergroßen Goldfischen heimgesucht. Die beiden Menschen bemerken dies nicht.

Was bedeutet inszenierte Fotografie?

Es gibt grundsätzlich zwei Möglichkeiten, ein Foto zu machen. Entweder wählt der Fotograf einen interessanten Ausschnitt aus der realen Welt aus und versucht, im richtigen Augenblick abzudrücken. Oder er greift selber in das Geschehen ein. Das heißt, er arrangiert Menschen und Dinge nach seinen Ideen und bestimmt, wie die Objekte und Personen angeordnet und zusammengestellt werden. Eigentlich gibt es seit Beginn der Fotografie inszenierte Bilder. Denn schon in den Fotostudios unserer Urgroßväter wurden einzelne Menschen, Gruppen oder Dinge für Fotos in Szene gesetzt. Seit den 1980er-Jahren ist eine Form der Kunstfotografie immer stärker aufgekommen, die als „inszenierte Fotografie“ bezeichnet wird. Die Fotografin Sandy Skoglund (geboren 1946) ist eine der wichtigsten Vertreterinnen dieses Fotostils. Seit den 1970er-Jahren erschafft sie fantastische Traumwelten.

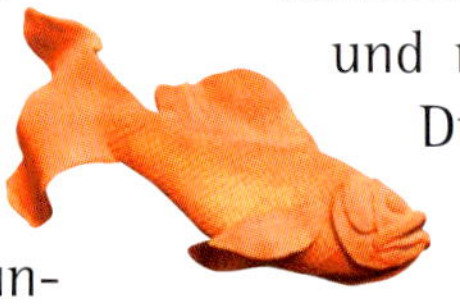

Um ihre Ideen verwirklichen zu können, benötigt sie künstliche Figuren. Sie braucht Monate, um diese herzustellen. Orange Fische, giftgrüne Katzen, schwarze Eichhörnchen und rote Füchse – aus Drahtgeflecht und Gips geformt – tummeln sich gleich dutzendfach auf ihren Fotografien. Die Traumwelten irritieren uns so sehr, dass wir sie lange fasziniert betrachten. Was will uns die Fotografin damit wohl sagen?

DEN EIGENEN SCHATTEN AUFHÄNGEN

Während rund 30 Jahren leitete der Fotokünstler Floris M. Neusüss die Klasse für experimentelle Fotografie an der Kunstakademie Kassel. Er gestaltete selbst verschiedene Serien von Kunstfotografien. „Den eigenen Schatten aufhängen“ (1983) ist ein Fotogramm, also ohne Fotokamera gemacht. Auf eine große Fotopapierrolle projizierte er seinen eigenen Schatten.

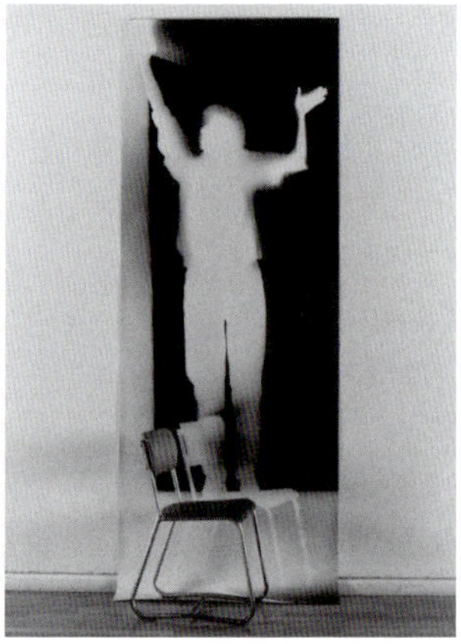

Der Künster selbst, Floris M. Neusüss, hängt seinen Schatten auf.

William Fox Talbot fotografierte dieses Stillleben 1844.

Auch Bananen und Äpfel sind fotogen.

Was ist still-life photography?

Werden mehrere Gegenstände gemeinsam abgebildet, nennt man das ein Stillleben. Das Wort setzt sich zusammen aus „stilles Leben". Seit es die Malerei gibt, werden Stillleben geschaffen. Beliebt waren zum Beispiel Bilder, die Kostbarkeiten, exotische Früchte und Blumen als Ausdruck des Wohlstandes zeigten. Auch in der Fotografie sind Stillleben ein wichtiges Thema. Hier wird oft die englische Bezeichnung „still-life photography" verwendet.

Fotografien von Gegenständen können mit rein künstlerischer Absicht gemacht werden. Oder sie sind eine Auftragsarbeit zu einem bestimmten Zweck, zum Beispiel ein Produktfoto für die Werbung. Sollen mehrere Gegenstände aufgenommen werden, ist es wichtig, diese schön zu arrangieren, das heißt anzuordnen. Der Fotograf überlegt sich, wie sie – hintereinander und nebeneinander, nicht zu nahe, aber auch nicht zu weit voneinander entfernt – stehen sollen. Vorsichtig werden die Objekte hin und her geschoben, bis sie ein zufriedenstellendes Gesamtbild ergeben. Der Fotograf muss jedes kleinste Detail im Auge behalten. Andererseits sollen alle Gegenstände zusammen eine gelungene Bildkomposition ergeben. Bis das alles, auch die Beleuchtung, stimmt, vergeht einige Zeit. Daher benötigen die Fotografen für solche Aufnahmen oft mehrere Stunden.

Macht dieses Stillleben nicht Lust auf Salat?

Mach mit

Unscharf, aber schön

Vielleicht ist es dir schon passiert, dass du unabsichtlich ein unscharfes Foto gemacht hast. Solche Bilder können sehr stimmungsvoll sein. Du hast zwei Möglichkeiten, um zu erreichen, dass Fotos absichtlich unscharf werden: Kannst du an deiner Kamera manuell, also von Hand, die Schärfe einstellen, dann nimmst du ganz einfach eine unscharfe Einstellung vor. Hast du eine Kamera mit einem Autofokus, stellt also die Kamera von alleine scharf, musst du herausfinden, ob du die Möglichkeit hast, den Autofokus auszuschalten. Vielleicht musst du dazu die Gebrauchsanleitung oder das Handbuch der Kamera zur Hand nehmen und nachlesen, wie das zu machen ist. Benutzt du einen Apparat, bei dem die Belichtungszeit gewählt werden kann? Dann stelle eine Zeit von 1/4 Sekunde oder noch länger ein und bewege die Kamera, nachdem du auf den Auslöser gedrückt hast. Dein Foto wird garantiert unscharf. Probier einfach aus und lass dich von den Resultaten überraschen. Überlege dir, welche Motive, unscharf dargestellt, besonders schöne Farbflecken ergeben.

Wie ensteht ein Fotoprojekt?

Fotokünstler wollen mit ihren Bildern eine Idee ausdrücken oder einen Gedanken sichtbar machen. Der Fotograf erstellt vorher ein Konzept. Er entwirft einen Plan, wie er in den Aufnahmen sein Thema zeigen möchte. Bevor er zur Kamera greift, überlegt er sein Vorgehen, erstellt Skizzen, notiert seine Gedanken. Die Idee kann zum Beispiel in einer Folge von Bildern klar werden.

Das ungarische Mädchen sitzt auf Horst Wackerbarths Sofa und liest ihr Lieblingsbuch: Harry Potter.

Vor über 25 Jahren hat der Fotokünstler Horst Wackerbarth (geboren 1950) sein Projekt begonnen. Mit einem roten Sofa auf dem Anhänger seines Autos reiste er durch die USA und fotografierte auf dem Sitzmöbel die unterschiedlichsten Menschen. „Die rote Couch – ein Porträt Amerikas" hieß sein erstes Fotobuch. Inzwischen hat er auf diese Weise auch Europa bereist. Das Sofa stand schon auf einer Müllhalde, in einem See, auf Eisschollen und Felsklippen, auch im Europäischen Parlament vor dem Rednerpult. „Das Sofa ist magisch aufgeladen, weil 600 Menschen auf ihm Platz genommen haben", sagt der Fotograf, „Berühmte und Unbekannte, Arme und Reiche, Alte und Junge,..." Wackerbarth bringt das weit gereiste Sofa, auf dem so viele Leute schon gesessen haben, zu dem ausgewählten Menschen und setzt ihn auf das Sofa wie auf einen Thron. Er fotografiert ihn und stellt ihm Fragen, die er mit Video aufnimmt. „Galerie der Menschheit" nennt Horst Wackerbarth sein monumentales Lebensprojekt: Er wünscht sich, „dass von den 6 bis 7 Milliarden Menschen, die es auf der Welt gibt, vielleicht 70 000 porträtiert würden".

© Wanda Wultz, 1932, „Ich und Katze"

Fotoillusion

Fotos können auch etwas darstellen, was es eigentlich gar nicht gibt. Die Technik der Fotomontage eignet sich dazu besonders gut. Für ihr Bild „Ich und Katze" hat die italienische Fotografin Wanda Wultz zwei Negative benutzt: Ein Porträt von sich selbst und das einer Katze. Das Bild ist eine Illusion, also eine Täuschung.

Mach mit

Vom Konzept zur Bildreihe

Denke dir etwas Außergewöhnliches aus. Du schlüpfst in die Rolle eines jungen Fotokünstlers und überlegst dir, welchen Gedanken du mit Fotos ausdrücken willst. Vielleicht heißt der Titel deines Konzepts „Alles tiefgefroren". Du fotografierst Eiswürfel mit kleinen Gegenständen darin, Gummibärchen oder Muscheln, die du zuvor tiefgefroren hast. Oder du möchtest dich selber in ein Nachtschattengespenst verwandeln und planst eine Fotoreihe, die deinen Verwandlungsprozess zeigt. Du darfst dir etwas ausdenken, was vielleicht sogar ein bisschen verrückt erscheinen mag. Wenn du deine Fotos anderen zeigst, sollen sie herausfinden, welches Konzept, also welcher Plan und welche Gedanken dahintersteckten.

Eine Ausstellung im Magdeburger Landtag. Welches Baby ist das schönste?

Wie kommt ein Foto ins Museum?

Museen sammeln Kostbarkeiten, Kunstwerke, Gegenstände aus früheren Zeiten und stellen ihre Schätze aus. Die Besucher erfreuen sich an den Kunstwerken und lernen etwas über Kultur und Geschichte, Natur, Wissenschaft und Technik.

Seit es die Technik der Fotografie gibt, werden die Bilder gesammelt. Anfangs waren es Privatpersonen und Kunstmuseen. Die Kunstmuseen richteten mit der Zeit eine spezielle Abteilung für Fotografie ein. Seit Beginn der 1940er-Jahre gibt es Museen, die sich ausschließlich mit der Fotografie befassen. Die Anzahl dieser Museen und Sammlungen wächst ständig.
Die allererste Fotoausstellung fand statt, noch bevor die Technik der Daguerreotypie der Weltöffentlichkeit vorgestellt worden war. Der Staatsbeamte Hippolyte Bayard (1801–1887) hatte ein Verfahren entwickelt, indem er mit lichtempfindlichem Papier fotografierte. 1839 stellte er seine Positivbilder in Paris aus.

Über 500 Fotos von 273 Fotografen aus 68 Ländern wählte Edward Steichen – selbst ein berühmter Fotograf – für die legendärste Fotoausstellung der Welt aus. Sie trägt den Titel „The Family of Man" (die Menschheitsfamilie) und zeigt Bilder vom Leben: Geburt und Kindheit, Schule und Arbeit, Alter und Tod. Die Eröffnung war 1955 im Museum of Modern Art in New York. 9 Millionen Besucher sahen die Ausstellung, die um die Welt ging. Heute kann man sie im Schloss Clervaux in Luxemburg besichtigen.

Japan. Ihei Kimura
© Hisako Kimura
Beide Bilder sind aus der Ausstellung „Family of Man".

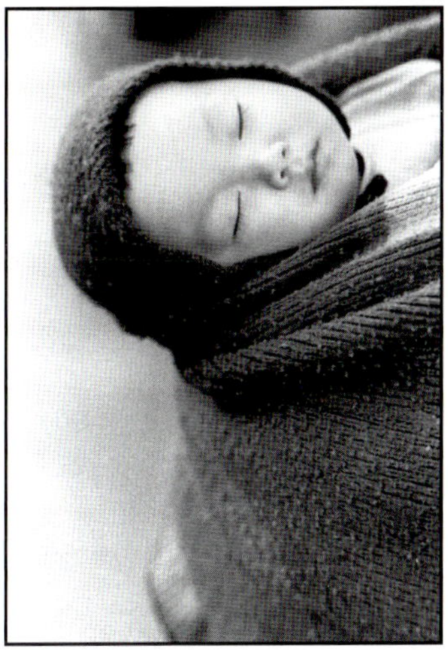

Japan. © Eiju Otaki, Ars Camera

Im Fotostudio

Fotostudio

Das Fotostudio oder Fotoatelier ist ein großer Raum, der verdunkelt werden kann. Hier macht der Fotograf zumeist gestellte Aufnahmen von Personen und Gegenständen. Das heißt, er bestimmt, wie die Objekte und Personen angeordnet sind. Er beleuchtet die Motive mit künstlichem Licht. Dazu dient ihm eine so genannte Studioblitzanlage. Sie besteht aus mehreren Fotolampen, die an Generatoren angeschlossen und mit der Fotokamera synchronisiert, also gleichgeschaltet, sind. Drückt der Fotograf auf den Auslöser der Kamera, blitzen alle Lampen gleichzeitig sehr hell auf. Ein Studiofotograf macht Mode- und Werbefotografien, Produktaufnahmen, er fotografiert Lebensmittel und zubereitete Speisen, ja sogar Autos. Das ist allerdings nur in einem riesigen Fotostudio möglich. Zumeist benutzt der Studiofotograf nicht eine Kleinbildkamera, sondern größere Fotoapparate, so genannte Mittel- und Großformatkameras. Die damit gemachten Fotos eignen sich für große Abbildungen, wie beispielsweise Inserate in Zeitungen und Zeitschriften, Poster und Werbeplakate.

Table-Top

Ein Table-Top ist ein besonderer Tisch, den Fotografen benutzen, um Aufnahmen von Gegenständen zu machen. Stellt man einen gewöhnlichen Tisch an die Wand, gibt es da, wo die rückwärtige waagerechte Tischkante an die senkrechte Wand stößt, eine sichtbare Linie.
Wird ein Gegenstand auf einem normalen Tisch fotografiert, verläuft immer im Hintergrund diese waagerechte Linie. Sie wird meistens als sehr störend empfunden.

Bei einem Table-Top ist der Übergang von der waagerechten Fläche zur senkrechten Fläche abgerundet. Durch diesen einfachen Trick entsteht keine störende Linie. Table-Tops sind zumeist aus milchigem Acrylglas hergestellt. Dank diesem lichtdurchlässigem Material können die Gegenstände auf dem Tisch auch vom Boden oder von hinten beleuchtet werden. Das ergibt spannende Lichteffekte. Werden im Fotostudio Modeaufnahmen gemacht, und sollten die Menschen von Kopf bis Fuß ohne die störenden Linien zwischen Boden und Wand abgebildet werden, wird mit dem gleichen Prinzip gearbeitet: Als Hintergrund wird ein breiter Karton von der Decke herab zum Boden gezogen, so dass eine Rundung entsteht.

Fachkamera

Die Fachkamera, die auch Großformatkamera heißt, unterscheidet sich schon äußerlich von allen anderen Fotoapparaten. Ein Grundrohr, welches auf einem stabilen Stativ befestigt werden muss, dient als Einstellschiene. An

ihr sind zwei so genannte Standarten montiert. An der vorderen Standarte ist das Objektiv befestigt, an der hinteren ist eine Mattscheibe angebracht, auf der das Bild betrachtet werden kann. Beide Standarten sind durch einen lichtdichten Balgen verbunden. Er sieht aus wie eine Ziehharmonika. An der hinteren Standarte muss ein Digitalrückteil montiert oder eine Kassette mit Planfilm eingelegt werden. Nun wird die Aufnahme gemacht.
Da alle Teile unabhängig voneinander bewegt werden können, sind mit der Fachkamera Einstellungen möglich, die mit anderen Apparaten nicht machbar sind. Es kann zum Beispiel ein Haus aus der Froschperspektive fotografiert werden, ohne dass es scheinbar auf den Betrachter stürzt. Durch eine bestimmte Einstellung des Grundrohrs und der Standarten ist die Perspektive so korrigiert, dass die Seiten des Hauses parallel wiedergegeben werden. Architekturfotos werden deshalb meist mit einer Fachkamera gemacht. Eine solche Kamera ist unhandlich, klobig und sehr teuer. Mit ihr entstehen jedoch Fotos von einer phantastischen Bildqualität.

Für Sachaufnahmen wird oft die Linhof-Fachkamera benutzt.

Mit einer Lupe schaut man sich Dias auf einem Leuchttisch an.

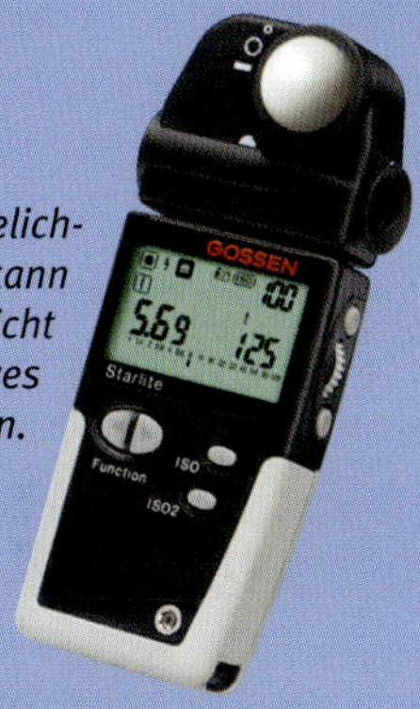

Mit dem Belichtungsmesser kann man das Licht des Studioblitzes messen.

Das Stativ darf in keinem Fotostudio fehlen.

Fotografie und Wirklichkeit

Ist die Kamera eine Waffe?

Man sagt „die Kamera zücken“ oder „Bilder schießen“ oder man spricht von einem „Schnappschuss“, als ob die Kamera eine Pistole oder ein Gewehr wäre. Fotokameras werden in der Werbung manchmal ähnlich wie Waffen angeboten.

Gordon Parks wollte die Stellung der Farbigen in Amerika kritisieren. Er fotografierte die Putzfrau Ella Watson im Weißen Haus.

Die Kamera kann als Waffe zu einem guten Zweck eingesetzt werden. So sagte der berühmte Fotograf und Filmregisseur Gordon Parks (1912–2006), er habe die Kamera als Waffe gewählt. Er hätte als farbiger Jugendlicher, der in armen Verhältnissen aufwuchs, auch zum Messer greifen können. Aber er wollte mit Bildern gegen die Armut und die Benachteilung der farbigen Bevölkerung in den USA kämpfen.

Die Kamera ist keine Waffe, mit der man töten kann. Doch man sollte daran denken, dass das Fotografieren etwas Räuberisches an sich hat. Die Autorin Susan Sontag hat sich scharfsinnige Gedanken über die Fotografie gemacht. Sie überlegte, was Fotografieren bedeutet, wie und warum Menschen fotografieren. Susan Sontag war nicht nur begeistert von der Fotografie, sondern betrachtete das Medium kritisch. Sie stellte fest, dass das Fotografieren oft mit aggressiven Gefühlen verbunden ist und Fotografen ähnlich wie Jäger vorgehen. Manche schießen ihre Bilder ohne Rücksicht gegenüber dem Menschen vor der Kamera oder dessen Kultur. Die Würde einer Person soll aber auch beim Fotografieren respektiert werden.

Susan Sontag (1933–2004)

Mit der Fotokamera schießt man zum Glück nur Bilder.

Aggressive Paparazzi haben sich am tragischen Tod von Prinzessin Diana mitschuldig gemacht. Auf der Flucht vor den Reportern kamen sie und ihr Freund ums Leben.

Was ist ein Paparazzo?

In den ersten Jahrzehnten des 20. Jahrhunderts ließen sich Prominente in Fotostudios porträtieren. Die Fotografen setzten die Berühmtheiten in ein wunderschönes Licht. Sie wirkten dadurch fast übernatürlich und gekünstelt. Gegen Ende der 1950er-Jahre fand man inszenierte Fotos von Stars langweilig.

Die Herausgeber der Zeitschriften wollten die Prominenten in ganz gewöhnlichen Situationen zeigen und waren bereit, für Schnappschüsse aus deren Alltag viel Geld zu bezahlen. 1958 machte der Römer Tazio Secchiaroli die ersten Sensationsfotos des ägyptischen Königs und wurde über Nacht selber weltberühmt. Der italienische Regisseur Federico Fellini nahm ihn zum Vorbild für die Rolle eines besonders aufdringlichen Fotografen in dem Film „La dolce vita“ (Das süße Leben). Er nannte ihn „Paparazzo“ und wurde zum Namensgeber von sensationsgierigen Fotografen. Die Paparazzi scheuen keine Mittel und Wege, um an die Prominenten heranzukommen und verfolgen manche auf Schritt und Tritt. Einerseits sind sie für die Stars sehr lästig, andererseits wäre so mancher ohne die Paparazzi nie so berühmt geworden.

Der Paparazzo versucht einen Schnappschuss der Schauspielerin Sophia Loren zu machen.

Können Fotos lügen?

Die Kamera bildet ab, was sich vor der Linse befindet. Deshalb glauben viele Menschen, dass ein Foto die Wahrheit sagt. Wir denken nicht daran, dass hinter der Kamera ein Mensch entscheidet, wie das Bild schließlich aussehen wird. Der Fotograf wählt einen Ausschnitt der Wirklichkeit aus. Er sucht einen bestimmten Standpunkt, wählt die Perspektive und den Moment, um auf den Auslöser zu drücken. Ein Foto gibt den Blick des Fotografen wieder. Es zeigt deshalb nie die absolute Wahrheit. Seit es die Möglichkeit der digitalen Bildbearbeitung am Computer gibt, kann man leicht Fotos so abändern, dass es niemand bemerkt. Die Menschen sind misstrauischer und kritischer gegenüber fotografischen Abbildungen geworden. Aber schon in den Anfängen der Fotografie hat man Bilder mit Pinsel und Farbe verändert.

Gefälschte Aufnahme des „Monsters von Loch Ness“.

Mit Fotos lassen sich Geschichten erzählen. Wie die Sprache kann auch die Bildsprache zum Lügen missbraucht werden. Wird zum Beispiel der Swimmingpool des Hotels mit einem starken Weitwinkelobjektiv fotografiert, so sieht er im Reiseprospekt viel größer aus, als er tatsächlich ist. Auch Fotomodelle werden auf dem Bild noch verschönert. In der Werbefotografie gehört ein wenig Schummeln einfach dazu.

Es gibt aber eine besonders verwerfliche Form der fotografischen Lüge. Das ist die Propagandafotografie: Fotos werden gemacht, um Menschen zu manipulieren. Ihnen soll eine bestimmte Meinung aufgezwungen werden. Eine Regierung oder ein Staatsoberhaupt läßt in Ungnade gefallene Politiker aus den Bildern entfernen oder ein Gegner wird mit Fotos in ein schlechtes Licht gerückt.

Alles Lüge

Dieses Foto wurde zum Lügen missbraucht: Das Originalbild zeigt eine Kinderschar in gestreiften Strampelanzügen und

Stimme der Märtyrer

„Geschmuggeltes“ Bild: „Kinder im Sowjet-

Zum Titelbild

Dieser Zeitungsartikel deckte die Lüge auf.

wurde in einem Kindergarten aufgenommen. Der Bildausschnitt wurde nun so verändert, dass man die Anzüge

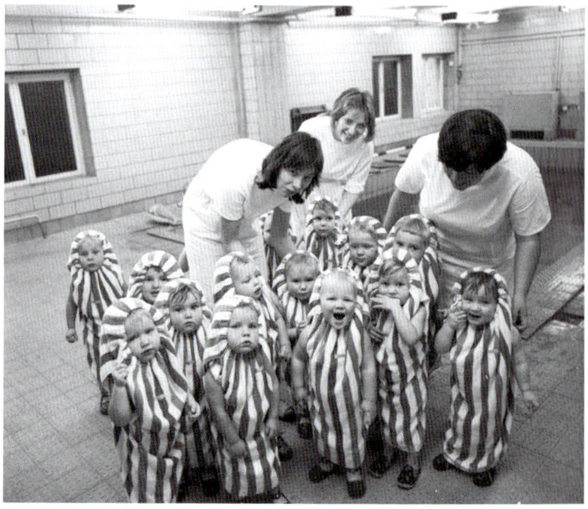

Das echte Foto; die Kinder wirken recht zufrieden.

nicht mehr als solche erkennt. Die Qualität des Fotos wurde absichtlich verschlechtert. Dadurch wirken die Minen der meisten Kinder ziemlich unglücklich und leidvoll. Das so manipulierte Foto wurde schließlich veröffentlicht mit der Behauptung, es sei in einem Kinderlager aufgenommen worden.

Fotos verändern

Schon früher wurden Fotos mit Farbe nachträglich retuschiert, also verändert, und Details hinzugefügt oder entfernt. Wichtige Leute wollten schöner aussehen. Also wurden auf ihren Porträts Falten weggemacht. Seit der digitalen Technik ist fast alles möglich. Es ist nun einfach, Dinge einzufügen oder zum Verschwinden zu bringen. Jedes Foto muss kritisch betrachtet werden. Denn das, was man auf ihm sieht, hat vielleicht so nie stattgefunden.

Der Junge wurde wegretuschiert. So schnell kann man verschwinden.

Heimatlose Mutter
Während das Baby im Arm der Mutter schläft, verstecken sich die größeren Kinder verschämt vor der Kamera der Fotografin Dorothea Lange. Der Blick der Wanderarbeiterin schweift in die Ferne. Trotz der Armut zeigt das Bild ein würdevolles Porträt einer stolzen Mutter.

Die Fotografie „Heimatlose Mutter“ machte Dorothea Lange 1936 in Kalifornien.

Können Fotos die Welt bewegen?

„Ein Foto geht um die Welt“. Damit ist gemeint, dass ein Bild eines außergewöhnlichen Ereignisses weltweit in Zeitungen und Zeitschriften veröffentlicht wird. Millionen von Menschen werden von ein und demselben Foto berührt. Das kann ein freudiges Ereignis sein, wenn zum Beispiel berühmte Leute heiraten oder ein Baby bekommen. Oft sind es aber Bilder von Unglück und Elend. Sie berühren uns ganz besonders. Wenn ein Foto weltberühmt wird, weil das Bild etwas besonders gut erzählt, spricht man von einer fotografischen Ikone.

Das Wort Ikone kommt aus dem Griechischen und heißt „Bild“. Das Wort hat mehrere Bedeutungen. Es bezeichnet die Kultbilder der orthodoxen Kirche. Auch ein weltbekanntes Bild eines Künstlers oder zum Beispiel eine berühmte Person werden als Ikone bezeichnet. Es gibt fotografische Ikonen, welche die Meinung der Leute stark beeinflusst haben. Bilder schaffen dann, was mit vielen tausend Worten nicht gelungen wäre.

Die Fotografie des Flöte spielenden Jungen ging um die ganze Welt. Sie entstand 1954 in Peru. Der Fotograf war der Schweizer Werner Bischof.

Die amerikanische Fotografin Dorothea Lange dokumentierte in den 1930er-Jahren im Auftrag der Regierung die bittere Armut der Wanderarbeiter. In Kalifornien machte sie ein besonders bewegendes Foto einer heimatlosen Mutter mit ihren drei Kindern. Es wurde das am meisten veröffentlichte Bild dieses Projekts und trug dazu bei, dass die Regierung die Arbeitslosen und herumziehenden Farmarbeiter und ihre Familien mit Hilfsprogrammen unterstützte.

1946 schickte das US-Magazin LIFE Margareth Bourke-White nach Indien. Als Erstes wollte sie den größten Politiker des Landes, Mahatma Gandhi, fotografieren. Er machte Politik ohne Gewalt, um Indien von der britischen Kolonialherrschaft zu befreien.

Index

© W. Eugene Smith / Magnum Photos

Fotomuseen

In folgenden Museen kannst du dir verschiedene Fotoausstellungen ansehen:

Albertina Wien
Albertinaplatz 1
A- 1010 Wien
T: +43 1 534 83-0
F: +43 1 534 83-430
info@albertina.at
www.albertina.at

Fotomuseum Winterthur
Grüzenstrasse 44 + 45
CH-8400 Winterthur (Zürich)
Telefon +41 52 234 10 60
Infoline +41 52 234 10 34
Fax + 41 52 233 60 97
fotomuseum@fotomuseum.ch
www.fotomuseum.ch

Stadtmuseum München
St.-Jakobs-Platz 1
80331 München
Tel: 089-233 22370
Fax: 089-233 25033
stadtmuseum@muenchen.de
www.stadtmuseum-online.de

Deutsches Technikmuseum Berlin
Trebbiner Str. 9
10963 Berlin-Kreuzberg
Tel.: 030 / 90 254-0
Fax: 030 / 90 254-175
info@dtmb.de
www.dtmb.de/index.html
(ab 4.September 2006)

Museum für Fotografie
Jebensstraße 2
10623 Berlin
Tel.: +49(0)30 - 266-2188
Fax: +49(0)30 - 266 3255
mf@smb.spk-berlin.de
www.smb.spk-berlin.de/smb/sammlungen/details.php?lang=de&objectId=6582&n=1&r=14

Haus der Fotografie
Dr. Robert-Gerlich-Museum
Burg 1, 84489 Burghausen,
Telefon: +49 (0) 86 77 - 47 34,
Telefax: +49 (0) 86 77 - 91 11 27,
hausderfotografie@burghausen.de
www.burghausen.de/fotografie

Museum für Photographie
Helmstedter Str. 1 (Torhaus 1) und
Helmstedter Str. 171 (Torhaus 2)
D - 38102 Braunschweig
Tel. 0531 / 7 50 00
Fax 0531 / 7 50 36
info@photomuseum.de
www.photomuseum.de

Haus der Photographie
Deichtorhallen Hamburg GmbH
Deichtorstraße 1–2
D-20095 Hamburg
Tel. +49-(0)40-32 10 30
Fax +49-(0)40-32 10 3-230
mail@deichtorhallen.de
www.deichtorhallen.de

HINWEIS:
Leider verändern sich Internetadressen oft sehr schnell, daher kann der Verlag keine Gewähr für die Inhalte dieser Adressen übernehmen.

Die Reihe wird fortgesetzt.